Con los pies en el suelo

Teodoro Álvarez Angulo

Con los pies en el suelo

Octaedro

Colección Horizontes

Título: *Con los pies en el suelo*

Primera edición: enero de 2024

© Teodoro Álvarez Angulo

© De esta edición:
Ediciones OCTAEDRO, S.L.
Bailén, 5, pral. – 08010 Barcelona
Tel.: 93 246 40 02
octaedro@octaedro.com - www.octaedro.com

ISBN: 978-84-19900-31-9
Depósito legal: B 1244-2024

Realización y producción: Ediciones Octaedro

Impresión: Ulzama

Impreso en España - *Printed in Spain*

Como en los autobuses urbanos, cedo mi asiento en la gloria a quien lo necesite. A mí me basta la realidad. Yo me conformo con un buen paseo por la vida.

Fernando Aramburu, *Autorretrato sin mí.*

Índice

Prólogo

El libro que tienes en las manos, lector, es un compendio de ocurrencias. Escribir ocurrencias es buscar la vida de las pequeñas cosas, la chispa de la vida. Este género consiste en encontrar el otro lado de las cosas, lo que no se ve porque no se ha expuesto, por conveniencia, por costumbre o porque la Historia lo ha determinado así.

La ocurrencia persigue la búsqueda del lado no común de hechos y sucesos: distorsionarlos para que suenen de otra manera, cambiar la mirada de aquello que se muestra como verdad irrefutable; relativizar normas, verdades y costumbres mediante los porqués de la curiosidad, ya que lo obvio no siempre es tan obvio como parece.

De ahí que interese más la observación y el sentimiento de lo concreto y del detalle que la reflexión filosófica y sesuda. Lo concreto siempre es desconcertante, porque la vida está hecha principalmente de detalles particulares, en cuyo tratamiento la imaginación es mucho más pobre de lo que parece; e incluso la invención literaria no es necesariamente la finalidad más noble del acto de escribir, afirma Antonio Muñoz Molina a propósito de los diarios que escriben las personas en Ucrania, escondidos en sus refugios, en medio de la guerra.

Coincido con Emilia Pardo Bazán cuando dice que el cuento es fruto de un chispazo y que, por fuerte y viva que supongamos la fantasía de un escritor, jamás llega al límite de la realidad posible, ya que cuanto pudiésemos fingir queda muy por debajo de lo verdadero, porque la naturaleza es siempre más despiadada que el Arte. Será por eso por lo que Borges defiende que la ficción no es verdadera ni falsa; no se puede verificar, y a la vez produce un efecto en la realidad.

Cuando yo me pregunto por qué escribo, termino respondiendo que porque me gusta desarrollar las imágenes que me vienen con fuerza a la cabeza y me rondan casi obsesivamente. Esto me lleva a contar lo que se me ocurre en forma de pensamiento y de juego para después compartir con amigos mi visión del mundo y de los acontecimientos que suceden en la vida, porque creo que el relato de las historias contribuye a crear otro mundo en las cabezas de los lectores. Es un pequeño desahogo cordial del que me place hacer a ustedes destinatarios, como dice Miguel Delibes en *Pegar la hebra*. O también, como refiere Mario Vargas Llosa, el supremo éxito de una ficción es no parecer escrita, sino ocurrida, vivida.

Concibo la ocurrencia como un texto breve, de un par de páginas o tres (alguna hay más extensa), basado en la observación aguda de un fenómeno, un suceso, un hecho, una persona, etc., visto desde una mirada sugerente, envuelto con unas gotitas de ironía y de humor; lo que le hace cambiar la perspectiva, dentro de la concepción poliédrica de la vida.

En esta obra hay dos partes: «Palabras y silencios» y «La crisis de siempre». Ambas recogen lo escrito en momentos distintos. Se trata de una recopilación de ocurrencias que reflejan situaciones vividas y en las que aporto mi particular visión de la realidad. Hay algunas, como las relacionadas con la pandemia de la covid-19, cuya comprensión requiere situarse en el momento descrito; otras responden a situaciones y valores universales en las que el tiempo y las demás contingencias no son determinantes para la historia que se cuenta.

I. PALABRAS Y SILENCIOS

1. Última voluntad de amor*

Su vida transcurrió entre fantasía y realidad, construyendo mundos de ficción en los que la verdad y la mentira juegan en filos con frecuencia imperceptibles. Pepa había nacido en los años sesenta del pasado siglo en el corazón de una gran ciudad; desde muy niña se mostraba alegre y positiva; veía la vida con ojos de aceptación. Se educó en un colegio de monjas, con las rigideces propias del nacionalcatolicismo predominante. Celia, Cuchifritín, Antoñita la Fantástica y los cuentos de Andersen, Grimm y Perrault le acompañaron hasta bien entrada la adolescencia.

Los ambientes de juventud y mocedad en que se prodigaba no le facilitaron contactos suficientes para entablar relaciones de noviazgo. No supo de flirteos, ni de juegos amorosos hasta que no formalizó la relación de pareja. Tuvo que ser una cita a ciegas la que le ayudase a conocer a Juanma, un hombre que, desde el primer momento, le hizo ver que la relación con él era la propia para compartir toda su existencia. Y esa misma noche sintió que era

* Texto premiado en el VIII Concurso Literario «Arsenio Escolar», en la categoría Relatos, celebrado el 30 de julio de 2022 en Torresandino (Burgos).

el hombre con quien se quería casar. Este fue el flechazo certero de Venus. Así de fácil era enamorarse de este hombre, gustaba repetir Pepa una y otra vez en prueba de los hados favorables que le acompañaban en la vida.

La relación con Juanma le dio tres hijos (dos hembras y un varón) que tuvieron la suerte de crecer en un ambiente de unión y de estímulo constantes.

Pepa disfrutaba escribiendo para sus hijos las propias historias que fabulaba con ellos, siempre acompañada de sus músicas preferidas, entre las que no podían faltar Miles Davis, B. B. King, Paco de Lucía, Serrat y la música indi, con predilección por Vetusta Morla, a quien seguía incondicionalmente en el festival Sonorama «Ribera del Duero» de Aranda, desde su lanzamiento en la plaza del Trigo. Estos y otros sones entretenían e inspiraban sus largos ratos de devaneos y de creación, mientras encontraba las palabras justas y el ritmo que le iba pidiendo el texto.

Pronto consiguió hacerse hueco en el mercado editorial. Los premios que ganaba le iban ayudando a difundir y publicar con éxito sus cuentos e historias. Nada le hacía más feliz. Le servía para mantener la relación entre su vida real y la ficción que siempre la acompañaba. Se sentía enganchada ante la buena acogida de sus lectores. Frecuentaba escuelas e institutos, centros culturales y librerías, para encontrarse con sus lectores y compartir con ellos su visión de la literatura y de la vida. Desmenuzaba con pasión su empeño en expresar las emociones y las fantasías, los sueños y los deseos de los seres humanos, así como su lucha por transformar el mundo de manera alegórica e imaginativa. No le faltaba su dosis de ironía y humor para satirizar determinados hábitos y costumbres sociales.

En la convivencia familiar, agradecía el carácter, los gustos y la manera de actuar de su compañero: fiel escudero en los viajes de ensueño, gran padre empeñado en enriquecer la vida de los suyos y de su entorno; cocinaba para la familia, pintaba, era habilidoso. Por encima de todo, Pepa destacaba el hecho de que los domingos por la mañana, acostumbrado a madrugar durante la semana, sorprendía a la familia con pequeños gestos que creaban un ambiente de agrado. Buscaba la felicidad de los suyos creando situaciones festivas.

Cuando todo parecía ir sobre ruedas y todos tenían la sensación de que la vida les sonreía, Pepa enferma y le diagnostican una enfermedad grave y sin remedio. Llegó sin avisar y le hizo cambiar el rumbo de la vida. Había perdido el futuro, decía a familiares y amigos. Por suerte, mantuvo la ilusión.

Su mañana era vivir día a día con la enfermedad, atenuando el dolor, para sobrellevar con realidad el presente. Durante el año y medio escaso que le concedieron de prórroga los médicos, empeñó buena parte de sus energías e ilusiones en diseñar el futuro de Juanma. Esa fue su principal ocupación.

Sabía Pepa que su vida tendría fin más pronto que tarde. Se sometió con resignación y poca esperanza a los dictados médicos que le prescribían. No tiraba la toalla, pero era consciente de que los cuidados que recibía no eran otra cosa que paliativos para seguir adelante, hasta que Hades tuviese a bien anunciarle su rapto para conducirla camino del Averno.

Hubiera querido pasar más tiempo con Juanma y con sus hijos. ¡Disfrutaba tanto con él y con la familia que habían formado juntos…! Pocas actividades le reconfortaban tanto como las sesiones de jazz en el club que Juanma y ella contribuyeron a formar y mantenían. Consiguieron una ambientación y un carácter de intimidad, con una excelente calidad de sonido, lo que proporcionaba una experiencia armoniosa y agradable para quienes acudían a cenar o solo a escuchar música. El fondo discográfico, la consulta de publicaciones especializadas, los conciertos y las *jam sessions* contribuían a estrechar las relaciones de los miembros del club y de todos los asistentes.

Pepa estrujaba con frenesí los momentos hermosos de la vida, como Ann en la película *Mi vida sin mí*, de Isabel Coixet. Esta historia le sirvió de asidero más de una vez, mientras vivía en constante pelea con las maléficas Parcas, como quien se sabe conocedor de que eran contados los amaneceres que le quedaban, convencida de que solo en vida podemos decidir el significado que el fin de esta adquiera en nuestras experiencias.

Pero los pensamientos que ocupaban su cabeza de continuo se centraban en el futuro de Juanma. Así fue como le rondó la idea de redactar la esquela de su muerte, a modo de últimas voluntades. Decidió un título provocativo para incitar a su lectura: «Deberías casarte con mi esposo», y le colocó el subtítulo de: «Es muy fácil enamorarse de él».

Ni corta ni perezosa, acudió a la funeraria a tratar el asunto con el director de relaciones públicas y *marketing*. Preguntó en información con quién debía hablar el tema de la esquela y la remitieron a la responsable de acogida a familiares, en recursos humanos. Una vez hecha su propia presentación, expuso la situación de salud en que se encontraba; mostró, sin pudor alguno, los últimos informes médicos de varios especialistas, en los que se daba fe de la gravedad irreversible que revestía su salud, así como el tiempo de vida estimado que le quedaba, según le comentaban los sanitarios.

La empleada, acostumbrada a situaciones de dolor por la despedida, tuvo dificultades para mantener la conversación, a pesar del realismo y de la entereza que Pepa mostró en todo momento. En medio de la extrañeza que ofrecía el caso, la empleada comprendió cabalmente a su próxima clienta, así como la voluntad que le vino a exponer.

—Pues verá —le dijo a Pepa—, nosotros disponemos de un servicio personalizado de despedida, mediante el que pretendemos ayudar a hacer de este acto íntimo un momento único, en el que recordar los instantes compartidos. En nuestras ceremonias personalizadas, conscientes de las maneras de vivir en la actualidad, cada familia puede realizar la despedida que desee dedicar a su ser querido mediante música, textos, recuerdos o momentos especiales para el fenecido y también compartidos con familiares y amigos. Nuestros expertos en *counselling* se encargan de la organización del evento que se desee celebrar. Hemos tenido experiencias de todo tipo —continuó la empleada—, fruto de la sociedad multicultural en que vivimos, y generalmente recibimos evaluaciones muy positivas y comentarios elogiosos de parte de las familias que lo solicitan. Pero, la verdad, lo que usted nos viene a proponer es para nosotros inédito. No nos consta nada parecido en nuestra larga historia de dedicación al acompañamiento del último viaje, si bien atender a la voluntad de los clientes es la norma de la empresa de servicios, y a eso nos debemos.

Gustosos accedieron a las últimas voluntades en vida de la solicitante. Naturalmente, guardaron con celo exquisito el requerimiento de la clienta, tal como ella misma había solicitado y, por supuesto, hicieron honor a su dedicación profesional: fueron como una tumba.

Pepa pactó con la empresa funeraria el contenido y el formato de la esquela, que difundirían por los canales habituales: prensa, radio local y localizaciones de costumbre. Quedaba pendiente la redacción final en la que se encontraba trabajando.

Terminó de redactar el texto el Día de San Valentín —un mes antes de abandonar este mundo—, lo que Pepa entendió como el mejor regalo de reconocimiento y de amor a quien tanto tiempo le había colmado de satisfacciones.

Pronto hizo llegar el texto a la funeraria y solicitó ver cómo quedaría editada la esquela. Obtuvo respuesta en un par de días. Pepa se sintió satisfecha con el resultado. En medio de tanta zozobra, le llenaba de alegría comprobar en vida cómo su empeño había encontrado el cauce que ella buscaba. ¡Cuánto le costaba guardar silencio sobre el secreto que tramaba! No se quitaba de la cabeza el discurso de ingreso en la Real Academia de Juan Mayorga sobre el «silencio», que más adelante interpretó magistralmente en el teatro Blanca Portillo. Pepa se veía perfectamente retratada en los silencios que plantea el académico.

Solo conocía su propósito su mejor amiga, Teresa, que también sabía del testamento familiar, así como del sitio de la casa donde lo había depositado Pepa para que lo leyese su familia, en la estricta intimidad del hogar, a los postres de la comida del domingo siguiente a su partida, tal como ella había dejado convenientemente indicado.

El día del fallecimiento se hizo pública la esquela en los términos pactados. Sorprendió que el texto no se refiriese a la fenecida y que se utilizase como oportunidad para anunciar su deseo: regalarle a Juanma los primeros pasos del encuentro con la persona apropiada que leyese los deseos de la difunta para que una mujer seria, como rezaba expresamente en la convocatoria, pudiese localizar al viudo y juntos emprendiesen una nueva historia de amor.

La esquela recogía con minuciosidad exquisita las características físicas del candidato anunciado (altura, peso, color de los ojos y del pelo), su carácter y sus virtudes para hacer feliz a la mujer que se postulase para ello, con las garantías de quien había convivido con él veintisiete años. Abogaba con firmeza por la continuidad del amor con este buen padre y mejor compañero; amante de la buena música y aficionado a la pintura; cocinillas por afición, compasivo, amante de la vida y preocupado por soñarla diariamente con quienes le rodeaban. «Y ahora que lo conocéis suficientemente —decía la ya difunta en su esquela—, dadle un sí a su perfil». Por si acaso, añadía: «Voy totalmente en serio, y así quiero que se tome el asunto».

La noticia corrió como la pólvora. Los comentarios acerca de la humanidad de la finada y del acto de amor que ello suponía merecieron pésames y elogios sin fin. Los medios de comunicación encontraron un breve espacio para referir el caso. Las redes sociales se emplearon a fondo destacando los hechos con perplejidad y admiración, por lo inusual del caso y por la extrañeza de la comunicación mediante este género.

En su testamento particular, destinado a la familia, expuso con extensión las últimas voluntades de amor a su compañero y a sus hijos, redactadas en secreto para que fuesen leídas expresamente a los pocos días de haber desaparecido ella, «con las lágrimas calmadas y las cabezas algo más frías», tal y como dejó escrito. Entendía Pepa que, al modo de como hacían los antiguos egipcios en su viaje de ultratumba, tras la muerte, el alma (el espíritu de la esposa y madre) comparecía ante un tribunal (marido e hijos). En este acto expuso con extensión su relación con Juanma y con cada uno de sus hijos, de la obra familiar iniciada, así como el deseo de que continuase la concordia entre Juanma y la familia que formaría cada uno. Veía a Juanma como el padre asesor y el abuelo respetado y querido por cada hijo y su familia.

Les rogó que aceptasen la situación que tanto le costó asumir a ella, por el bien de sus vidas. Les recordó cuánto tuvo que luchar contra la enfermedad y cómo hubo de enfrentarse a su realidad con una adversidad sin vuelta atrás. Y lo más importante, recalcó: «Os solicito unión entre los hermanos y con vuestro padre, y también con la nueva compañera que pudiera llegar a tener». Les hizo ver que habían sido una familia en la que era fácil vivir y en la que siempre se procuró la armonía y la libertad de cada cual. Cerró el documento un gran adiós, escrito en mayúsculas bien destacadas, en negrilla y separando cada letra, y un hasta siempre de verdad. «Os he querido mucho a los cuatro, a cada uno como sois, y os llevo conmigo para siempre a donde vaya. Solo os pido a cambio que tengáis para mí un recuerdo sincero y de por vida. Os deseo finalmente que tengáis una larga vida feliz y con mucho humor».

Encontró ayuda para cerrar la despedida definitiva, como tantas veces le había sucedido, en el Quijote de Cervantes; esta vez, en el capítulo: «De cómo don Quijote cayó malo y del testamento que hizo y su muerte».

No hay constancia de que la voluntad de la viuda se materializase de inmediato, pero quedaron expresos sus buenos deseos, así como el reconocimiento a quien la había acompañado en la salud y en la enfermedad. Sí fue celebrada por familiares y conocidos la última voluntad de amor, que no pretendía sino prolongar la vida en una nueva relación. Todo el mundo se sintió sorprendido y supo valorar el hecho como un ejemplo de claridad de vida en estos tiempos revueltos.

2. Unas horas dentro de la tumba

—¿Es la familia Ruisánchez Ramírez?

—Sí, sí. Dígame.

—Mire, le llamo del Servicio Municipal de Obras. Exactamente, del Servicio del Cementerio Municipal. En el parte de obra del encargado del cementerio figura que la sepultura de su familia tiene algunos desperfectos; entre ellos, la cruz de mármol que se ha caído sobre el tablero o tapa de la sepultura, y la ha roto. La cruz se encuentra dentro de la tumba. Además, el perímetro de la tumba está muy dañado. Se lo notificamos para que lo tengan en cuenta y obren en consecuencia, antes de que puedan ser mayores los desperfectos. Este invierno y lo que va de la primavera han sido muy lluviosos, y ya sabe, al estar a la intemperie, el terreno cede y los objetos que se encuentran en la tumba se deterioran.

—Muchas gracias, señorita, por comunicárnoslo. Pasaré a verlo tan pronto como pueda. La familia nos haremos cargo del caso como mejor convenga. Muy agradecida.

Así fue. A los tres días, Rocha cambió la ruta de su paseo habitual en bicicleta para dirigirse al cementerio municipal y comprobar lo que le habían notificado telefónicamente. Dejó la bicicleta sujetada por el pedal en el bordillo de una sepultura cercana a la parcela donde estaba la tumba familiar. En el bolso de la bicicleta llevaba las llaves de casa y el móvil.

Cuando dio con la sepultura, se percató de que no le habían exagerado. La cruz de mármol de la cabecera, azuzada por los vientos durante años, cedió, rompió la tapa de mármol y cayó dentro. Peor aún estaba el perímetro de la tumba: los ladrillos, desamparados de la masa de cemento corroída por el tiempo, habían cedido y bailaban de un lado para otro. Alguno incluso había caído al interior de la tumba.

Inmersa en la observación del interior de la sepultura, donde descansaban los restos de su padre, adelantó el pie derecho para ver mejor y perdió el equilibrio, y cayó dentro de la tumba. Confundida e impotente, no reparó en los golpes y rasguños que se hizo en la caída.

Poco tardó en empezar a pedir socorro y auxilio en un entorno de silencio, con la esperanza de que el empleado del cementerio pudiera acudir en su ayuda. Insistió una y otra vez en chillar lo más fuerte que pudo, pero fue en balde. Nadie acudió. De pronto se percató de que la hora de cierre del mediodía se acercaba y redobló sus esfuerzos para que los gritos de auxilio llegasen a los oídos del funcionario municipal. Pero nada. No hubo manera. ¡Y eso que en la puerta del cementerio hay un cartel que anuncia que hay cámaras de vigilancia en todo el recinto!, pensaba Rocha, en sus momentos de desesperación y rabia.

Se acordaba del auxilio que le hubiera supuesto llevar consigo el móvil, pero… Tocaba resignación y espera hasta que regresase el enterrador en las horas de la tarde. Hay que reponer fuerzas para lo que me espera, pensó después.

Este tiempo de cierre lo empleó en recorrer su cuerpo acariciándose los rasponazos, mientras comprobaba que afortunadamente no se había roto nada ni tenía heridas de consideración. Transcurrida la exploración de su cuerpo, Rocha se sintió por fin pisando la tumba de su padre, a quien había dado sepultura hacía más de diez años. Recordó los últimos tiempos de su enfermedad, ya viejito y dependiente de ella y de su hermana, quienes le cuidaban con mimo. Fue repasando con denuedo la película de la memoria con su padre: las escenas con sus nietos, los encuentros y consejos que les propinaba con ocasión de las visitas frecuentes y de las ayudas en los casos de necesidad que tenía la familia de Rocha. Recreó con todo tipo de detalle el día de su boda, de la que fue padrino. ¡Cómo presumió de novia! Era su hija favorita. No olvidó tampoco los sinsabores que le costó a su padre que su hija se echase novio. Sentía que le robaban la niña de sus ojos.

El tiempo pasaba, pero no tan rápido como ella hubiera deseado. A las cuatro de la tarde volvía el enterrador a abrir el cementerio.

Miró la hora en el reloj de pulsera. ¡Uf! ¡Todavía las tres menos diez! Prefirió guardar energías para los gritos que le esperaban. Y como quien no tiene más remedio que resignarse y adoptar estrategias de paciencia y de autocontrol, decidió continuar la película de su memoria con su padre.

Le dolía estar pisando su cuerpo, pero, por más que lo quiso evitar, el espacio no lo permitía. Se le entrecruzaban los sentimientos: respeto por los restos mortales de su padre y necesidad de acomodo en un espacio tan limitado, tan ajeno al confort.

Continuó viéndose con su padre en escenas de mocedad, cuando ella hacía sus escarceos con amigas y amigos, cuando le tuvo que decir por primera vez que volvería de madrugada, tarde; cuando llegó el momento de comunicar a sus padres que salía con un joven, que tenía novio y que llevaban saliendo el tiempo suficiente como para llevarlo a casa a hacer su presentación.

Recordaba perfectamente las caras y las reacciones de su madre y de su padre. En todo momento, se mostraron cumplidos y educados, conforme eran ellos; contentos, por otra parte, de ver que su hija había encontrado un hombre con quien formar su hogar. Sin embargo, el padre estaba a la expectativa, receloso de comprobar quién era este nuevo candidato para formar parte de su familia.

Entre asombro, dolor y confusión, iban pasando los minutos del reloj al ritmo desesperante que le presentaba la situación. Rocha siguió en la retrospectiva de su vida con su padre. Tenía la impresión de que era la conversación que le debía desde hacía mucho tiempo. Nunca se había atrevido a conversar con él sobre estas cosas. En esta ocasión, tuvo que relatárselo a sí misma con el testimonio presencial de su padre. De pronto, no se sabe cómo, la memoria saltó a la primera comunión, rodeada de toda su familia. Veía a su padre vestido de traje, como pedía la ocasión, en la iglesia del pueblo, y luego festejando el acontecimiento. Sacaba regusto recordando el traje de primera comunión. Se veía como una princesita, en la plaza de su pueblo, rodeada de familiares y vecinas que acudían a ver lo guapa que estaba. A la vez, sentía, en esa situación —¡dónde como allí!— la nostalgia de los tiempos pasados.

La situación en que se encontraba, limitada por el espacio y por el tiempo, la hacía forzarse a encontrar detalles para rememorar y contarse a sí misma escenas de su padre y de ella.

Por fin llegó la hora de apertura vespertina del cementerio. Rocha alentaba la esperanza y la necesidad de hacerse notar. ¡Anda, que si me llega a pasar por la tarde y tengo que pasar la noche en estas condiciones! Albergaba la esperanza de que, por la tarde, tras recoger la casa, viniese alguna viuda a visitar la tumba de su marido, como recordaba ella que era costumbre en su pueblo. Se armó de valor y empezó a gritar y a emitir ruidos con las palmas de las manos. No tenía otra manera de hacerse notar.

Así estuvo un buen rato hasta que una viuda de las que venían rutinariamente al cementerio oyó ruidos relativamente cercanos a la sepultura a la que acudía con frecuencia a contar a su marido la actualidad familiar, de las amistades y de la vecindad; siempre el mismo diálogo-monólogo interpretado doblemente por ella, que cerraba con el rezo de un padrenuestro por el eterno descanso de su alma. Se despidió de su Juanjo diciéndole: mañana te cuento lo de mi sobrina, que se ha echado un novio muy majo, que me quiere mucho y me cuenta cosas de su trabajo y de su vida. ¡Cuánto te hubiera gustado conocerle! Es muy gracioso.

Alarmada la viuda por los ruidos que oía y sin poder ver a nadie, un tanto aturdida, decidió gritar preguntando quién era la persona que chillaba y dónde estaba. En medio del temor y de la confusión que sentía, a medida que se iba acercando a la sepultura donde estaba Rocha, percibía las voces con mayor nitidez y entendía la razón de la petición de auxilio. Hasta que, no exenta de miedo, la viuda se acercó cautelosamente a la tumba, vio la bicicleta aparcada y escuchó bien a la señora que gritaba desde la tumba: ¡Ayúdenme! ¡Me he caído a la tumba!

La sorpresa de la viuda fue mayúscula. Nunca había presenciado nada semejante en su vida. «¡Anda!, pero ¿qué le ha pasado? —consiguió decirle a duras penas, con la voz entrecortada—. ¿Cómo se ha caído usted aquí? Se habrá hecho daño usted, ¿no?». Rocha, desde el fondo de la sepultura, le advirtió del riesgo de acercarse mucho, mientras pretendía explicarle con detalle lo sucedido, pero la señora viuda la interrumpió, urgida por localizar al enterrador, a quien había visto en la oficina.

Volvieron juntos a socorrer a Rocha. El enterrador fue a buscar una escalera mientras la señora viuda la entretenía y se conmiseraba con ella, además de mostrarse sorprendida por lo que estaba viendo. Una vez socorrida Rocha, el enterrador llamó a la Policía Municipal para dar cuenta de lo sucedido y para que se hiciese cargo de recurrir a los servicios sanitarios, en caso de que pudiera necesitarlos, además de cumplimentar el protocolo administrativo correspondiente a la ocasión.

Resuelto el asunto, con los agradecimientos debidos, Rocha regresó a casa por su propio pie, llevando la bicicleta cogida con una mano por el centro del manillar. Iba cabizbaja. Empezaba a sentir ahora las molestias y algún dolor, juntamente con la rabia que le producía haberse caído y la vergüenza que le daba lo sucedido. Necesitó llorar para desahogarse y tardó tiempo en contarlo. Solo su padre fue testigo de lo sucedido.

3. Muñeca parlante en la basura

Los días siguientes a la fiesta de los Reyes Magos, los contenedores de basura, particularmente de la basura amarilla y de cartón y papel, aparecen abarrotados de objetos de todo tipo; incluso diseminados alrededor de los contenedores, amontonados en el suelo, formando torres de desechos originados en la fiesta de la abundancia.

Los camiones de recogida van acarreando sin cesar las basuras hasta las plantas de selección de residuos sólidos urbanos. Allí descargan en las tolvas las toneladas y toneladas de basura recogida, y las pasan por las cintas en que serán distribuidas mecánicamente mediante separadores magnéticos, ópticos y de inducción, en función de la selección previa que se hace por cada tipo de contenedor.

En estas fechas, en el caso particular de la basura amarilla, se transportan, junto a otros tipos de residuos, juegos y juguetes desplazados por las novedades flamantes que los Reyes Magos del año tienen a bien obsequiar a niños y niñas cada seis de enero.

Así fue como el padre de Rebe, a sugerencia de su hija, para hacer sitio en su habitación, demasiado justita de espacio, depositó, como mejor pudo, en las bolsas debidamente habilitadas para el fin, juguetes con los que la niña se había entretenido ratos y ratos del año anterior para evitar pasar tanto tiempo delante de la televisión, como le decía su madre con frecuencia.

Rebe sabía bien que sus conversaciones con la muñeca quedaban registradas en el disco que esta tenía en la barriga. Más de una vez le gustó rebobinar lo dicho y escucharlo de nuevo. La niña le hacía depositaria de sus pequeños secretos: «No se lo digas a mi hermano Carlos, ¿eh?, que luego él lo quiere también; no se lo cuentes a mamá, ¿vale?, que no le va a gustar; díselo a papá, si quieres, que yo sé que le alegra que se lo cuente», y otras complicidades por el estilo. De este modo depositaba en su muñeca parlante sus pequeños y grandes secretos. A nadie se le ocurría entrar en su rincón de confidencias. Se trataba de los juegos de muñecas de la niña.

Pero la llegada a casa de la *total doll* o muñeca total, última novedad en el mercado, le supuso a la muñeca parlante interactiva quedar definitivamente desplazada. ¡Cuántas conversaciones y confidencias había tenido Rebe con ella! Todas fueron a la basura impenitentemente para hacer hueco a la nueva inquilina de la casa, como si nada hubiera pasado antes de su llegada.

Claro que la *total doll*, a la que la niña bautizó como Toty, y así la conocía toda la familia, tiene propiedades únicas: le suena el corazón; se pone mala, se resfría, tose, tiene fiebre y se le calienta la frente; se le ponen inyecciones para curarle la varicela; incluye jarabe, paños para la fiebre, jeringuilla, fonendoscopio y termómetro; dispone también de accesorios, como gafas, chupete y biberón con purpurina. Es presumida, creativa y traviesa. Habla de manera original y divertida. Está hecha de silicona y vinilo, y tiene el cuerpo relleno de algodón. Es lo más parecido a una criatura de verdad. No sorprende que Rebe se enamorase de Toty y agradeciese a los Reyes Magos haber sido tan complacientes con el regalo que le habían traído.

Tras la recogida de los residuos sólidos urbanos, en los separadores ópticos y magnéticos en la fase de selección o de triaje, antes de embalarlos en las prensas para transportarlos a los depósitos controlados, Toñi percibió unos sonidos, en medio de los ruidos propios del avance de la cinta transportadora y del ambiente de la planta, antes de llegar al puesto en que se encontraba. Solo pudo comprobar Toñi que los sonidos formaban parte de una conversación entre una niña y una muñeca parlante.

Precisamente, en esa grabación, Rebe le contaba a su muñeca, como si de su mejor amiga se tratase —así se lo solía decir con frecuencia—, la enfermedad de su abuelo Paco. Había percibido la niña preocupación en las conversaciones entre sus padres y en las de su madre con su abuela. Le tenían que operar de urgencia y el diagnóstico, de entrada, no era bueno.

Rebe detectó gran contrariedad en la familia, desconsuelo y cierta alteración de la vida diaria. Cosas que no se atrevía a decir a sus padres, ni a su abuela, ni a su hermano, se lo transmitía a su muñeca, a modo de desahogo, con la espontaneidad y naturalidad que le otorgaba la complicidad de su mejor amiga. «¿Verdad que no se va a morir mi abuelo?, ¿a que no? —Antes de que respondiese la muñeca, ella decía—: Pues claro que no. —Y continuaba su monólogo diciendo—: No quiero que se muera mi abuelo. Lo quiero mucho. Verás como sale bien de la operación y seguimos jugando tú y yo con él».

Durante un tiempo, la fase del preoperatorio, la operación y el postoperatorio fueron tema de conversación frecuente con su muñeca, alternando con otros asuntos del cole y de sus amiguitos del parque.

Cuando la muñeca parlante llegó en la cinta transportadora de la basura a la altura del puesto de Toñi, lo primero que hizo esta fue apartarla y meterla en la taquilla que tenía en el puesto de trabajo, en la que guardaba alguna herramienta y sus enseres personales. La muñeca y Rebe no paraban de hablar. Lo hacían con fruición. Hablar era con mucho el juego preferido de la niña. Toñi hubiera querido parar la cinta para escuchar con detenimiento lo que se decían, pero el ruido de la planta de triaje y el ritmo frenético de avance de la cinta transportadora no le permitían escuchar con nitidez lo que se contaban.

Esperó a terminar el turno de trabajo y llegar a casa. Continuó seleccionando residuos sólidos, aunque estaba picada por la curiosidad de qué podría haber registrado en el disco de esa muñeca que no paraba de relatar historias infantiles. Incluso, en el trayecto a casa, el disco seguía funcionando. Ese día no puso radio clásica de RNE para desconectar de tanto ruido ambiental, como era su costumbre. Prefirió la escucha de la grabación de la muñeca, no fuera a ser que se agotasen las pilas. Ahora sí, en la tranquilidad de su coche, Toñi escuchaba bien el mundo infantil de esa niña que tanto hablaba con su muñeca. Le recordó experiencias parecidas a cuando ella hablaba con sus muñecas de palo y de trapos; incluso le evocó conversaciones que presenció entre sus dos hijas y sus muñecos preferidos; ahora ya eran mocitas.

Al entrar en casa, como de costumbre, le esperaba la familia para cenar. El padre se encargaba de poner la mesa y de terminar de preparar el menú que Toñi había dispuesto antes de salir para el trabajo. Esa noche, la conversación no giró en torno a los trabajos de los padres y de las clases del instituto de las hijas, como solía ser normal. Acaparó la atención de la conversación el asunto de la muñeca.

Toñi la limpió y la aseó, casi como lo hacía con sus hijas cuando eran bebés, y la llevó a la mesa donde cenaban. «¡Cómo mola!», dijo de pronto la hija mayor. «A mí me echaron los Reyes una muy parecida, pero no hablaba ni registraba la conversación», dijo la pequeña. «¡Hay que ver cómo avanza la industria de los juguetes! Ahora hablan, interactúan con los niños, imitan a bebés y a niños y niñas de primera infancia. Incluso los materiales de fabricación consiguen un parecido con los humanos que es asombroso», sentenció el padre. La madre mantenía un tono de aparente indiferencia ante las expresiones de su marido y de sus hijas. No era la primera vez que se había encontrado en el triaje de la basura objetos curiosos. En alguna ocasión tuvo que intervenir la policía, dada la entidad del objeto.

Así fue transcurriendo, entre risas, sorpresas y algún que otro gesto de preocupación, la audición de la grabación del discoy los episodios, así como los episodios de afecto y de interacción de Rebe con su muñeca.

Las pistas que iba dando la niña en sus interacciones con su muñeca (nombre de familiares, contratiempo de la enfermedad y operación de su abuelo Paco, escenas del parque del barrio, nombre del colegio y de la tienda donde compraba las chuches, y algún otro dato más) despertaron en Toñi la idea de que pudiera tratarse de la hija de una compañera suya, Tere, del curso de teatro que hacían los sábados en la casa de la cultura del barrio.

Fue cauta Toñi. Puso pilas nuevas a la muñeca y escuchó la grabación entera ella sola para comprobar si su primera impresión era la correcta. Casó datos de su memoria en las conversaciones con Tere, asociados con nombres y datos de la grabación de Rebe con su muñeca. Ahora no le cabía la menor duda: era la hija de Tere. Esperó al sábado siguiente para, en un aparte durante el tiempo de descanso de la clase de teatro, comentarle a Tere lo sucedido.

—Tengo algo que comentarte, Tere. Es fruto de la casualidad y muy curioso —dijo Toñi—. Vas a alucinar.

—Tú dirás —le respondió Tere, con gesto de curiosidad.

—A ver cómo te lo cuento. No sé si sabes que yo trabajo en la planta de selección de residuos sólidos; de la basura, vamos, que hay en las afueras del barrio, cerca del río.

—No. No lo sabía.

—Pues, verás, resulta que... —y le contó lo sucedido, haciendo hincapié en la enorme casualidad que se produjo al escuchar detenidamente la grabación de las interacciones de una niña con su muñeca cuando esta pasaba por la cinta de selección de basura amarilla en la que yo trabajo—. Como podrás suponer, llegó acompañada de todo tipo de envases de plástico. La muñeca llegó a mi puesto hablando con una niña; la grabación no se escuchaba bien por el ruido ambiental. Cuando salí de trabajar, la lavé en casa, cambié las pilas y la escuché con detenimiento. Por los datos que pude escuchar en la grabación, creo que se trata de tu hija, que está conversando con su muñeca.

—Sí, mi niña tuvo una muñeca habladora, ahora tiene otra todavía más moderna y sofisticada que le acaban de traer los Reyes en casa de sus tíos. La anterior tuvimos que desecharla para hacer sitio en la habitación. Ya sabes cómo son ahora las habitaciones de pequeñas, no queda sitio ni para moverse. Pero ¿qué me dices?, ¿que te ha llegado de la basura? ¡No me lo puedo creer! ¡Vaya casualidad! ¿Podrías dejármela para escuchar las conversaciones de mi hija con su muñeca?

—Directamente te la doy. Al fin y al cabo, era de la niña. La fortuna quiso que cayera en mis manos y, como no paraba de hablar, me interesé por ella, y aquí la tienes.

Tere sorprendió a la familia durante la comida, cuando se presentó en casa con la muñeca parlante, ya olvidada, por haber sido destronada por la todopoderosa Toty, reina de la moda del momento. Contó a la familia lo sucedido. Les costó creer las casualidades que tuvieron que darse para que la muñeca parlante volviese a casa. Rebe la recibió como si de nuevo los Reyes Magos de la basura hubieran regresado a casa. Recuperó el protagonismo que tuvo en su día y Rebe hizo que conviviera con Toty. El abuelo fue operado con éxito. Tuvo un período de reposo breve y siguió siendo el confidente de las conversaciones entre las tres.

4. Nuestro muerto de cada día

«¡Uf! ¡Está la mañana fina, ¿eh?», saluda Petri a su llegada a la cafetería habitual, encorvada, frotándose las manos y echando los restos de la última bocanada de humo de su primer cigarrillo de la mañana del lunes, mientras se dispone a quitarse los guantes, la bufanda y el abrigo. «Ha caído un pelón apañado; a ver si levanta el día y se deja ver el sol», responde don Pedro, el más madrugador de la cuadrilla.

Con la llegada de Petri, que trabajó de enfermera en la capital, cuando era mocita, se completa el grupo de la tertulia matutina en la que se dan cita don Pedro, cura de pueblo y profesor de religión en el instituto comarcal de la cabeza de partido de la zona. Asisten igualmente, de manera asidua, Jacinto, empleado de una compañía de seguros en la oficina de la localidad y saxofonista jazzero por afición, y Ernesto, empleado de la empresa funeraria local y actor aficionado en el grupo de teatro Cartel.

Mantienen la tertulia matutina, hasta la hora de encaminarse a sus obligaciones, mientras toman el primer café de la mañana, con el zumo de naranja y la tostada de pan con aceite y tomate que empieza a preparar Avelino tan pronto como se forma el grupo. Por nada del mundo, salvo por fuerza mayor, perdonan el rato de charla mañanera, ni «aunque caigan chuzos de punta», sentencia Ernesto. Son viejos conocidos. Cómo será que Petri madruga como cuando estaba en activo, deshace las camas y deja la casa ventilándose, y a la vuelta del desayuno arregla la casa y deja encarrilada la comida de la familia, que tiene por sana costumbre comer en casa una vez que cierran el comercio al mediodía.

Los contertulios mañaneros comentan brevemente las noticias con que amanece el día, a la vez que toman el cafecito bien caliente, que les sirve para entonar el cuerpo. Los comentarios llevan siempre el envoltorio del humor; sacan punta al más mínimo detalle y hacen chiste de todo lo que pillan por delante. Compiten, sin pretenderlo, a cuál mejor en el manejo de la chispa, del humor y la ironía, y buscan generar un espacio en que la risa tenga lugar, porque entienden el humor como el aliado que hay que llevar siempre puesto.

Como suelen decir cuando están juntos, estamos todas las partes del entierro menos el muerto. Este suele ser cualquiera de los clientes conocidos que aparece en el tiempo que ellos permanecen en la cafetería. Lo reciben con una carcajada de bienvenida al aludido, víctima y excusa para alimentar la risa madrugadora, que, como dicen psicólogos y gurús de la comunicación, es la mejor hormona para luchar contra el estrés. Para ellos, es el aliado que necesitan para cerrar el círculo del juego de la vida. Eso sí, en ningún momento, la situación llega al sarcasmo ni a la burla. Tienen bien claros los límites del juego.

Los cuatro representan las partes imprescindibles para garantizar la seguridad y el reposo en la tierra y en la vida eterna. Jacinto asegura la vida, incluso hace el seguro de sepelio (y el traslado y la incineración si es preciso), con pagos fraccionados en módicos plazos para hacerlo llevadero y no ser una carga para los hijos. La enfermera fomenta el buen vivir; cuida de la salud integral del cuerpo y del espíritu del paciente y vela por una vida plena y por una muerte digna. Don Pedro acompaña a la conciencia del paciente en la tierra y lo encamina por el sendero de la rectitud y la bondad para ganar el cielo. Así se lo explica a los adolescentes en sus clases, cuando les cuenta el sentido religioso del hombre y los acontecimientos de la historia en los que la Iglesia ha defendido la verdad, y otros en que se ha aliado con poderosos y dictadores. Ernesto se ocupa del último viaje; viste al cadáver para la despedida y el adiós a los suyos, y lo transporta, si es preciso, al camposanto o al crematorio.

La actualidad del coronavirus les va dando juego desde que empezó el año: desde el aislamiento de Wuhan, en China, hasta los afectados del funeral de Vitoria, o la emergencia sanitaria y el parte de guerra de un virus chulesco ¡que hasta se pone corona!, que se hace tan global, como miedo infunde en la población.

La lejanía y el exotismo de China; la Italia aislada; el entierro de Vitoria; los gitanos y la Guardia Civil en Haro; la Capital, presa de un virus, de la que huyen desaprensivos a la España vaciada y a las costas mediterráneas en busca de seguridad, por una parte, junto con los máximos respetos y agradecimientos a nuestros médicos y personal de la Sanidad Pública, que nos curan y se arriesgan a ser contagiados, son temas que suelen abrir las conversaciones primeras. Netflix, el móvil y plataformas varias para sobrellevar el aislamiento sanitario preventivo, entre otros asuntos, alimentan las tertulias durante unos cuantos días. La actualidad local es fuente permanente de inspiración también, si bien cualquier detalle de la vida les suministra suficiente materia para sus comentarios, a los que siempre buscan la mirada desde el lado menos convencional.

Y eso que todavía no ha llegado el momento, en España —dicen— de «Las vacas [el coronavirus] del pueblo ya se han escapado/ Y ha dicho el alcalde que no salga nadie/ que no anden con bromas/ que es muy mal ganado/...». Repasan otros episodios de virus pasados (vacas locas, gripe aviar, gripe porcina, ébola y ahora la covid-19) y terminan concluyendo lo fuertes que somos: podemos con todos ellos y con los que vengan. Cuando llegue diciembre («de mozos era septiembre», como decía la canción), esperemos, todo será maravilloso: se celebrarán todas las fiestas y eventos aplazados o suspendidos, desde las Fallas, la Semana Santa, la Feria de Abril, San Isidro, las hogueras de San Juan y las fiestas locales.

Hasta entonces, no queda otra que estar a la espera de qué sucede con la evolución de la pandemia del coronavirus, quedarse en casa y seguir las instrucciones de las autoridades sanitarias. Como dice el *Romance del prisionero,* «sino yo, triste, cuitado,/ que vivo en esta prisión;/ que ni sé cuándo es de día/ ni cuándo las noches son».

Animados en su tertulia mañanera del despertar, raro es el día que no encuentran a su muerto en la figura de algún conocido que entra a la cafetería a desayunarse con su cafelito mañanero. Entre los más frecuentes figuran una funcionaria municipal destinada en el mostrador de información, el dueño de una joyería cercana y un jubilado que acude cuando le dejan la hija y los nietos. Estos tres, junto con los cuatro asiduos, terminaron siendo los personajes centrales del elenco de la comedia que decidieron escribir y representar entre todos. Ernesto tomó la dirección de la iniciativa.

Decidieron establecer tres actos, uno con cada muerto. Mantuvieron la iniciativa con la máxima discreción de que fueron capaces, hasta que llegó el día del estreno, en el salón de teatro en la Casa de la Cultura. Se anunció a través de los medios habituales de difusión, ocultando los nombres reales de los personajes. La asistencia de público no pudo ser más nutrida y la acogida desbordó los pronósticos más optimistas.

En la representación, los asiduos a la tertulia iban desarrollando el guion establecido, con las inevitables improvisaciones que la interrelación de los cuatro producía, guiados por el humor y la ironía irreprimibles de Petri. Más de una vez, los actores esbozaron sonrisas que no podían contener, ante las ocurrencias que improvisaban fuera del guion.

La comedia duró noventa minutos, durante los cuales el público no dejó de reír, a veces con carcajadas estruendosas y continuadas. Finalizada esta, obligaron a salir a escena al elenco de actores, hasta cuatro veces, para agradecerles la iniciativa tan original y la sorpresa que les había supuesto una obra tan divertida; escrita, dirigida y representada por personajes bien conocidos de la localidad.

Al día siguiente, la tertulia matutina continuó como si tal cosa; sí notaron los componentes fijos que, durante los primeros días inmediatos a la representación, la curiosidad de algunos espectadores les llevó a aparecer por la cafetería, por ver si ellos pudieran tener la suerte de ser elegidos cadáveres de tertulia.

El dueño de la cafetería se sintió reconfortado y decidió reservar el rincón preferido para los contertulios mañaneros. Desde entonces, anda dándole vueltas a la manera de rendir homenaje a estos malabaristas de la palabra y del humor para inmortalizarlos en su local.

El confinamiento del catorce de marzo interrumpió abruptamente, como tantas otras iniciativas, la tertulia del muerto. La vuelta a la normalidad supuso retomar los desayunos y las tertulias mañaneras.

5. Gracias al vino

La cena de compañeros de trabajo de este año se celebró en el restaurante de costumbre, antes de las vacaciones de Navidad. Asistió buena parte de la plantilla, acompañada por algunos jefes y responsables de la empresa.

La llegada escalonada de los comensales fue originando situaciones continuas de alegría y alborozo. Eran raras las situaciones en que se congregaban compañeros de distintos departamentos. Poco a poco se iban completando las mesas, en las que procuraban ubicarse conocidos y afines. Una vez acomodados, en el comedor principal, en medio de los saludos prolongados, los camareros iban tomando nota de las bebidas que se habían de servir; los vinos ganaron de lejos las preferencias de los comensales.

Arturo se sentó en una mesa con otros siete compañeros conocidos. Juani, a su derecha, sirvió vino tinto a quienes lo desearon; entre ellos, a él. Una vez servido, Arturo, siguiendo su costumbre, quiso saber qué vino era el que iban a beber. De siempre se interesó por la procedencia de la bodega embotelladora y por las características indicadas en la etiqueta de la botella que le servían: los aromas, el buqué y los colores, de manera particular. Con estos y otros datos, los enólogos ponen a prueba su capacidad descriptiva y su lirismo poético que terminan reflejando en las etiquetas de las botellas, destinadas a los cada vez más exigentes amantes de los buenos caldos.

Juani, sorprendida por el requerimiento, le pasó amablemente la botella a Arturo y se interesó por el resultado. De inmediato, con una leve sonrisa, solo dijo:

—¡Hombre, es vino de un pueblo de la Ribera del Duero!

—¿Qué pasa? ¿Qué conoces ese pueblo?

—Sí. Muy bien. He nacido cerca de allí.

—¡Anda! —dijo Juani—, yo de jovencita pasé algunos veranos en casa de Ester Pérez, una de mis mejores amigas del colegio, en un pueblecito cercano a ese. No creo que lo conozcas. —Y le dijo el nombre.

—Sí, lo conozco, sí. Allí tenemos una casa, donde pasamos temporadas.

—¿Qué me dices? ¡Qué casualidad!

El tono de sorpresa y de emoción indisimulada acapararon el interés de los comensales y fue motivo de comentarios similares acerca de la casualidad provocada por escenas parecidas a esta que algunos relataron con minuciosidad y detalle. Entre las anécdotas referidas, no faltaron pasajes conocidos evocados, fiestas recordadas con pasión, vacaciones pasadas inolvidables, amistades encontradas, asistencia a festivales de todo tipo, etc., por culpa de las etiquetas del vino.

—De todos modos, ¡hay que ver lo que hace el vino! —concluyó Juani—. Es bien sabido que la cultura, el vino y el arte siempre han maridado bien —aseveró un tanto solemne, en tono casi profesoral—. Infinidad de obras artísticas dan buena cuenta de ello, desde varios milenios antes de Cristo hasta nuestros días, tanto en las manifestaciones artísticas como literarias. La mitología tiene sus dioses, e incluso el vino es sagrado para algunas religiones, como, por ejemplo, la cristiana.

Mostraba bien Juani que se encontraba ante un tema querido. Conocía al dedillo el mapa español de denominaciones de origen, y no poco de otros mapas de fuera de España, en Europa y América. Los comensales de la mesa la escuchaban con interés. Le pudo la sorpresa de la etiqueta de la botella y no se resistió a la observación emocionada, que cerró así:

—En nuestra cultura mediterránea siempre está presente el vino en la manera de entender la vida; incluso los médicos hablan del vino social cuando se interesan por la cantidad de alcohol que ingiere un individuo a efecto de diagnosticar enfermedades o dietas de salud, o preparatorios de intervenciones quirúrgicas. Pero que se llegue a una casualidad como esta…, que una etiqueta de una botella de vino haya sido capaz de poner en contacto a personas que no se ven hace la tira de tiempo y que llegaron a compartir una etapa importante de su vida… ¡No me lo puedo creer!

—Pues hace años que no sé nada de Ester —tuvo interés en recalcar con insistencia Juani—. Estudiamos juntas en un colegio, internas, de lunes a viernes, y compartíamos habitación. ¿No la conocerás, por casualidad?

—Por el nombre, no; de vista, quizás —respondió Arturo, dispuesto a echar una mano en el restablecimiento de la relación—. En el desayuno del día siguiente lo comentó en casa, y los contactos del wasap de su hijo pequeño, en pocos minutos, le consiguieron una foto de Ester, a la par que le ofrecían presentársela en la primera ocasión que tuvieran: las fiestas de primavera del pueblo.

Así fue. En las fiestas de finales de abril y principios de mayo, el primer día presentaron Ester a Arturo en la plaza, delante del templete de la música. El relato de lo sucedido le sorprendió y le agradó a Ester, y más aun sabiendo cómo se había producido el contacto, tras una relación descuidada durante años.

—¿Y cómo está Juani? ¿Qué es de su vida? Cuéntame.

Le emocionó saber de ella, a la vez que empezó a recordar con agrado pasajes estudiantiles vividos. Además de compartir habitación en la residencia del colegio y de ayudarse y animarse en las tareas académicas, se intercambiaban confidencias de enamoramientos y escarceos, algún que otro quiebro amoroso, así como los típicos sinsabores de la vida de disciplina de la residencia, y de los profesores «hueso», y de algún que otro «enrollado». Arturo le pasó a Ester el teléfono de Juani.

No tardaron en ponerse en contacto. El encuentro tuvo lugar en Madrid. Se citaron en una cafetería céntrica. De camino a la cita, las dos acudieron emocionadas, agolpando en la cabeza tanto recuerdo de experiencias compartidas. No querían que se les fuese de la memoria el caudal de vivencias que atesoraban durante esos años vitales. Acordaron llevar fotos de sus años de colegialas para ayudar a refrescar episodios lejanos en el tiempo.

A la hora fijada se produjo el encuentro. No les costó reconocerse. «¡Anda, si no has cambiado nada!», le dijo Ester. «Pues anda que tú... Estás igualita, igualita que hace...», correspondió Juani, suspendiendo la frase para ver si entre las dos ponían fecha a sus años finales de colegialas. Tras un breve relato de la vida actual de cada una: lugar de residencia, ocupación, estado civil, hijos y edades de cada uno, profesión, padres de cada una, etc., enseguida pasaron, con ayuda de las fotos, a situarse en sus experiencias compartidas. Desde los uniformes en que regateaban el centímetro de falda por encima de la rodilla y las ropas más o menos ceñidas para lograr la figura ideal, hasta los comentarios de las compañeras. Fueron los primeros intercambios.

Recorrieron, por los apodos, una por una, todas las compañeras del curso y alguna que fue abandonando en los últimos cursos de bachillerato, a la vez que repasaban su paradero. A muchas las habían perdido la pista. Aun así, entre las dos y con la ayuda de quienes iban contactando, fueron capaces de saber, con dudas y con huecos de información, de veinte colegialas.

Juani no pudo por menos que comentarle a Ester la sorpresa que le causó la casualidad que supuso la lectura de la etiqueta que hizo Arturo, así como los comentarios de experiencias similares que siguieron después. Recordó también la conversación mantenida sobre los vinos; las denominaciones; la relación del arte, la literatura y el vino; la presencia constante en nuestra cultura mediterránea, así como la coincidencia de la lectura de la etiqueta de la botella y sus consecuencias.

—Pues esto del vino que cuentas —intervino Ester— me recuerda unos versos que oía de jovencita, en el pueblo, a un señor mayor, vecino de mis padres, que repetía con frecuencia las noches de verano mientras estábamos sentados a la fresca en la puerta, y se me quedaron grabados para siempre. Más tarde averigüé que se trataba de unas coplas de ciego de tradición oral y que databan del siglo XVI, hacia 1533, según leí en un libro de historias y tradiciones de la Ribera del Duero; dicen así:

> Pues en Aranda de Duero
> y en los Homieles [Gumieles], dos,
> tanto vino dan, por Dios,
> que podéis henchir un cuero.

Al cabo de las dos horas que les duró el café y la charla llena de emociones, dieron por terminada esa primera cita de reencuentro y se emplazaron a localizar a todas las compañeras de la clase de bachillerato y de la selectividad con el fin de juntarse y pasar el día.

En la primavera siguiente tuvo lugar el encuentro en el centro en que habían cursado sus estudios preuniversitarios. Consiguieron juntarse treinta y una compañeras, con otras tantas vidas. Celebraron el encuentro e hicieron votos por que aquello se mantuviese en el tiempo.

La comida fue regada con los mismos vinos que originaron el encuentro.

6. Palabras

Pocos lugares gozan de un escenario tan complejo, tan reconocido como el bar en España. Es una mezcla casi perfecta de confesionario, diván, proscenio teatral, tribuna o salón de plenos, campo de fútbol y coso taurino.

Por este escenario pasan a diario personajes tan distintos y dispares como el matrimonio de edad, agarraditos de la mano, camino de la rutinaria conversación animada que acompaña a las cañitas y a los aperitivos generosos que sirve con agrado el camarero Paco, mientras este los observa con detenimiento filial y se interesa por su salud. La vuelta a casa coincide con la hora de comer y de la cabezadita reparadora, hasta que vuelven a salir al paseo de la tarde.

Son clientes asiduos también los componentes de un par de grupos musicales: una banda de jazz que actúa en locales prestigiosos como el Café Central de Madrid y los miembros de un grupo de música indie. Coinciden después de los ensayos que tienen los sábados en sendos locales municipales, que alquilan durante unas horitas. En el bar departen acerca de las canciones que piensan tocar, los unos durante las fiestas de San Isidro en el Café

Central, y los otros en el festival del Sonorama Ribera del Duero del mes de agosto.

Entre caña y caña y entre las risas cómplices, carcajadas y chascarrillos, repasan las canciones que van consolidando para el repertorio de cada grupo, con las dificultades que encuentran y con la valoración de cómo avanzan en cada ensayo. No faltan referencias a los bolos que van pillando en los diferentes festivales programados en la temporada. Incluso se ayudan en algunas canciones los unos y los otros. «Son mis musiqueros», les dice Paco, cariñosamente, a la vez que se interesa por sus actuaciones y su vida de artistas.

Los jóvenes alternativos del barrio se sienten bien acogidos, igual que la abuela pinturera que parece un adefesio paseante de maquillajes y pinturas, carmín en abundancia y abalorios en cantidad; viuda desde hace veintiún años, no termina de aceptar que los años no pasan en balde. Suele coincidir con ellos el ególatra pagado de sí mismo que habla para escucharse, prota a toda costa, que no encuentra mayor razón de existir que ser el centro de las miradas y de las conversaciones del local; defiende que el cliente siempre lleva razón y su semblante estirado parece ir mostrando siempre que se le debe y no se le paga.

Se prodiga también, principalmente por la tarde-noche, un *voyeur* que encuentra su sitio preferente apostado en la mesa del fondo, desde donde registra a todo el que entra y no pierde comba con sus miradas inquisitivas y obscenas que atentan contra la intimidad de las clientas, algunas de las cuales se llegan a sentir incómodas; más de una vez se lo han hecho saber a Paco. Este chista la lengua contra los dientes, a la vez que mueve la cabeza con gesto de desaprobación.

Paco se siente especialmente excitado con la presencia de estos personajes particulares que acaparan las miradas de la clientela. No para de hablar con ellos; se interesa por sus gestos y corresponde a sus conversaciones, a pesar del intento permanente de estos por centrarlas en las miradasególatras de sus vidas, como si fuera de ellos no hubiese mundo.

Un grupito de funcionarios de Hacienda tiene su cita matutina, a la hora laboral del café, con la parsimonia de quien tiene el salario seguro y no le apremia el trabajo. A esa hora es habitual que coincidan con los jubilados paseantes en la pausa de vigilancia de las obras a cielo abierto. Unos y otros llenan el bar durante una media hora, y Paco se dirige a ellos colectivamente con chascarrillos, dichos y ocurrencias que le sirven los acontecimientos del día. Con los jubilados tiene una atención preferente: no deja de animarles con abundantes aperitivos y con la provocación constante a que disfruten de la vida, que lo suyo les ha costado llegar hasta aquí.

Después de comer llegan los pequeños comerciantes asiduos de la partida de mus, antes de abrir por la tarde las tiendas o los puestos del mercado municipal. Nada les entretiene y les evade del ajetreo de los negocios como esta reunión, de lunes a viernes. Pocas excusas encuentran que justifiquen la ausencia a esta cita diaria. La ocasión del juego, a esta hora tonta en que no suele haber mucha clientela, le sirve a Paco para acercarse a la mesa a comentar con los clientes las jugadas, mientras les sirve lo que piden, y siempre con la vista puesta en quienes entran a consumir.

Los contertulios del viernes, por la noche, un grupo de matrimonios del barrio que acuden a tomar unas raciones y a repasar la actualidad nacional y del barrio para introducir el fin de semana, más de una vez se encuentran con el borrachín de la casa de enfrente que de pronto aparece para rendir culto a Baco. Cuando va de regreso, camina errante, hasta el punto de que Paco le tiene que acompañar a casa, donde vive con una hermana sorda, que no hace gavilla de él cuando le posee el vicio. Esta le ayuda a acostarse con resignación y delicadeza, y al día siguiente, como si tal cosa, vuelve a las andadas.

Los senderistas del barrio tienen su cita aquí también los domingos, una vez que han alcanzado la meta de la caminata, antes de despedir la semana e ir a comer a casa. Suelen coincidir con el equipo de fútbol que patrocina el bar, donde se juntan para celebrar los éxitos y comentar las jugadas y estrategias y, ¡cómo no!, los desaciertos del arbitraje, cuando sienten que les ha perjudicado. Unos y otros le sirven a Paco en bandeja la conversación sobre el esfuerzo y la competitividad sana, así como el interés de marcarse retos razonables para alcanzar metas nobles, además de resaltar la importancia del espíritu de equipo.

Este sí que es el gran teatro del mundo de un barrio del quiero y no puedo de la capital, al que acuden sin ser llamados, guiados por sus rutinas de vida, personajes de toda clase y condición.

El protagonista principal de esta estampa no es otro

que el camarero Paco, profesional a carta cabal que presta servicio en la casa desde hace veintiséis años. Tiene a gala haber consolidado la fidelidad de una dilatada clientela, con el mérito propio de llamar a cada uno por su nombre y saberse anticipar a sus demandas. Expresiones como: «Lo de siempre, ¿verdad?», «Oído, cocina», «Marchando esas cañitas», «Un tinto Ribera, ¿no?» forman parte de la celeridad y de la cordialidad que tanto agradece su público, en un espacio en el que se diría que todos caben y para todos tiene palabras Paco.

Con frecuencia es testigo de confidencias y de comentarios atrevidos que le dicen los clientes mientras toman el café, la cervecita de mediodía o los vinos de por la tarde-noche. La barra de por medio, como la celosía en el confesionario, o el diván del psiquiatra, o la ventanilla de los servicios administrativos, alientan el desahogo y la confidencia de quien se sabe de paso y deposita libremente retazos de vida con quien siente que está a su servicio.

Paco da la palmadita al apocado y pusilánime, igual que tiene palabras para los abuelos, que mantienen la costumbre de bajar a tomar su cervecita con el aperitivo, más por charlar con Paco y con los vecinos que encuentran en el bar, que por necesidad de calmar la sed. Es el vino social, como dicen ahora los sanitarios. Paco celebra que mantengan la ilusión de vivir y departe con ellos acerca del tiempo y sus dolencias; a veces, salen también en las conversaciones, con las luces y las sombras de la vida, sus hijos y sus nietos. Los despide con cariño filial, que agradecen con cumplidos.

No le faltan palabras para los demás personajes del escenario teatral en que se convierte habitualmente el bar. Así defiende Paco que ha de ser la estancia del personal mientras toma algo en su establecimiento. Tiene puesto en la pared del mostrador un lema en letras bien visibles que dice: «Aquí nos gusta más la guasa que el wasap. Hablen, por favor». Él siempre acompaña las consumiciones y los aperitivos con los saludos atentos y el interés individualizado por las aficiones y las preocupaciones de la clientela, con la delicadeza y el respeto de quien sabe que se encuentra en un filo resbaladizo en las relaciones humanas, entre la cordialidad y la discreción. Es lo suficientemente sensato y prudente, como para que sus palabras no sean vanas ni extemporáneas, sino celebradas y depositarias del gusto por continuar la conversación.

Cuando le llegó a Paco la edad de jubilarse, cosa que anunció con el debido tiempo, el dueño del establecimiento aprovechó para traspasar el negocio. La clientela sentía un vacío en sus hábitos y rutinas. Solo se calmaron cuando se garantizó que una pareja joven, que había frecuentado el bar, antes de ir a vivir a las afueras de la ciudad, estaba dispuesta a ganarse la vida continuando con el negocio. Lo primero que pensaron los nuevos propietarios, antes de abrir al público, fue cambiar el nombre del bar; ahora se llamaría: «Palabras».

Los nuevos propietarios recuperaron poco a poco la clientela, que se sentía a gusto con el recuerdo que había creado Paco en el barrio.

7. Dioses y cortesanos de paseo

Cansadas de escuchar hablar de la menina alcobenden-se, las Meninas de Velázquez, aprovechando el doscientos aniversario del Museo del Prado, deciden ir a conocer a esta réplica suya en los aledaños de la Corte. Una noche veraniega, en medio de la aglomeración de personal en las terrazas de uno y otro lado de la Castellana, estos dos personajes cortesanos se encaminan a visitar a su paisana, familiar, o lo que sea, de Alcobendas. ¡Hay que ver cuánto han oído hablar de ella en la sala preeminente en que se encuentra el cuadro en el Museo del Prado!

El descuido del segurata encargado de las llaves de la puerta de servicio, en el cambio de turno, fue la opor-tunidad para que las doncellas palaciegas abandonasen sigilosamente y de puntillas el museo. El calor reinante no ocultó en ningún momento la ilusión casi morbosa de la pareja. Estaban decididas. Nadie ni nada se les iba a poner por delante.

Emprenden camino al norte, Castellana arriba, mon-tadas en sendas BiciMAD, de las que había aparcadas en el palacio del Ayuntamiento, en la plaza de Cibeles. ¡Cuánto les resonaba el nombre de este lugar, como también el de Neptuno, por habérselo oído hasta la saciedad a merengues y colchoneros que iban a visitarlas antes o después de las celebraciones con su diosa o su dios correspondiente! «Cansadas nos tienen de tanta algarabía vocinglera», terminaron diciendo, en un tono indisimulado de hartazgo.

Esta noche se sentían protagonistas silentes de una escapadita por los madriles, camino de su destino meninero. Lo suyo les costó hacerse con las máquinas móviles para trasladarse al norte, hasta que consiguieron recogerse sus ropajes y moderar la empuñadura de la velocidad.

A la hora aproximadamente de haber salido del cogollito de la Corte, las doncellas se encuentran con la tal menina de Alcobendas, entronizada en su rotonda placera, junto a la guapa diosa Europa y al joven y bello Zeus, dios de la luz, del cielo y del rayo, Tauro de Sanse de los Reyes Católicos, acostado a los pies de su amada.

Se sorprenden al comprobar que se trata de una estatua; que no es otra cosa que una réplica de una de las meninas velazquianas, lo que les produce gran hilaridad. Entre carcajadas y muecas de sorpresa expresan la emoción que les produce comprobar *in situ* lo que tantas veces habían escuchado a visitantes de la sala del museo donde ellas se encuentran. Por otra parte, no deja de llamarles la atención que la ciudad alcobendense rinda honores a su personaje que las representa y al pintor que les dio fama mundial. Por si fuera poco, la ubicación de la estatua preside una zona chic de expansión urbanística de la ciudad hacia el sur, y es entrada a la Corte por el norte.

Acostumbradas al «¡Ooooh!», «¡Aaaah!», «¡Wow!», «¡Qué maravilla!» y otras expresiones parecidas en tantos tonos e idiomas como habla la ingente cantidad de visitantes que han honrado con su presencia durante los dos siglos de existencia, celebran gozosas el encuentro con las divinidades mitológicas. Las doncellas palaciegas se regocijan de la ocasión perfecta que tienen para departir acerca del pasado glorioso de España y su decadencia posterior, que, con tanta fruición, no exenta de nostalgia, se glosan en la sala donde moran las Meninas desde hace tanto tiempo.

La diosa Europa les pone al corriente de que la avenida que lleva su nombre hace honor al camino de entrada al continente rico e ilustrado, adalid de valores y principios, laboratorio de todas las ideas del mundo, convertida ahora en un museo, llena de viejos, recelosos de sus privilegios y temerosos de la invasión de los de fuera, lo que les lleva a cerrar sus fronteras, por temor a ser invadidos. El Zeus-Tauro de Sanse de los Reyes transmite con orgullo a las doncellas que él representa el valor de la unión que fraguaron los Reyes Católicos, que dieron nombre a su morada habitual. Les hace saber, asimismo, que, debido al culto existente en esta población a la tauromaquia, los pobladores de este pueblo rinden homenaje al valor y al arrojo que supone correr delante de los astados, en forma de monumento a los toros.

Las doncellas palaciegas relatan a las divinidades eternas que ellas son —y seguirán siendo, por tanto comentario y explicación como escuchan a diario— testigos presenciales del siglo del estancamiento y la recesión que vivió su época. Todo ello es consecuencia de tanto dispendio caprichoso de las monarquías absolutas reinantes y de sus entornos cortesanos, de las guerras continuas y devastadoras en que se involucró España, además de las malas cosechas, de las frecuentes pestes y epidemias mortíferas y, por supuesto, de las mermas en las cantidades de metales preciosos que llegaban de Indias.

Las doncellas palaciegas se declaran testigos directos del ocaso del imperio que había conocido el Siglo de Oro, por lo que no había sino lamentaciones y búsqueda de remedios, concluían las sirvientas cortesanas, en la España de la Inquisición, el despotismo, el oscurantismo, la intransigencia religiosa y el atraso económico.

Zeus-Tauro y Europa entendían bien los devaneos que suponían las guerras, los reinados y poderes; el propio Zeus, el dios que más figura en los mitos y en las leyendas para explicar guerras y enredos de todo tipo, nada más nacer, vive la experiencia de que su madre Rea lo parió de noche en secreto; tiene que ocultarlo en una cueva para sustraerlo de su padre Cronos, que devora a sus propios hijos. Las cortesanas recuerdan como, en sus correrías nocturnas por el Museo, en su recorrido por los cuadros de los personajes mitológicos, con frecuencia se acercan al cuadro de Francisco de Goya sobre este mismo asunto: *Saturno devorando a su hijo*. En ambos casos, Zeus y Cronos, se trata de una visión cruel, la que ocasiona el temor del paso del tiempo y la posibilidad de ser destronado por la propia descendencia.

Terminan el encuentro haciéndose un selfi para el recuerdo; posan decididos y conscientes de la ocasión excepcional que habían vivido. Con las primeras luces, las Meninas están de vuelta en el Museo, en su sitio en el cuadro, al comienzo de la visita del día, para admiración del mundo entero. El guarda de seguridad respira tranquilo, tras comprobar que todo está en orden.

Zeus-Tauro, el toro de Sanse de los Reyes, consigue que la bella Europa le acaricie, se monte en su espalda y se aferre a los cuernos en forma de luna, en su viaje de amor; y, como dios de la luz, desaparecen a la velocidad del rayo, camino de Creta. En recuerdo, se convierte en una constelación que se sigue contemplando en los cielos rasos de las noches veraniegas, además de quedar como uno de los signos del zodíaco.

Las Meninas no tuvieron la menor duda de que la noche hubiera sido del interés de Velázquez. No en balde el genio retrató a lo real (reyes, magnates, enanos, bufones, mendigos callejeros, locos, y demás); pero no faltaron en su obra dioses mitológicos y leyendas, como Baco, Vulcano, Las Hilanderas, y *La leyenda del santo ermitaño*.

Para los dioses y cortesanos, todo resultó ser una escapadita caprichosa por el norte de la Corte de las Españas.

8. Sueños rotos

Sus sueños e ilusiones se desvanecieron como muñecos de nieve al salir el sol. Su orden particular y sus proyectos se vinieron abajo como castillos de naipes. Su espíritu de hormiguita se vio truncado al comprobar que amigos de lo ajeno pusieron en el punto de mira su casa. Ya nada volvió a ser como antes.

Llevaba juntando monedas de propinas y sobrantes de compras como las hormigas almacenan en sus nidos, durante todo el verano, insectos, flores, semillas y jugos vegetales debajo de la tierra, para pasar los rigores invernales.

Pablo fue creciendo y acumulando ilusiones de infancia rodeado de proyectos cambiantes en que invertir la suma que poco a poco iba juntando, como quien se sabe constructor de ideas de futuro: cuando sea mayor iré a…, estudiaré para hacerme…, me compraré no-sé-qué para no-sé-cuántos. No paraba de construir castillos en su cabeza. Abuelos, padres, familiares y la señora de ayuda doméstica sonreían ante las complicidades de sueños en los que, de buena gana, se veían involucrados como coprotagonistas de sus invenciones y aventuras. Médico, piloto, arquitecto, maestro, entre otras, eran las ocupaciones que, con alternancia caprichosa, se veía desempeñando; siempre guiado por un decidido espíritu de servicio y de ayuda.

Desde bien pequeño entusiasmaba a su hermano y a sus padres en la ambientación de los Reyes Magos, a quienes veía antes de llegar a casa y particularmente en la noche mágica. Desbordaba ilusión, hasta sus ocho años, en que se erigió en defensor a ultranza de la existencia de los Reyes, en el colegio. Hasta el punto de polemizar con el sector de alumnos de la clase que ya sabían que eran los padres. Alguna madre tuvo a bien informar a los padres de Pablo acerca de tal contingencia, a la par que les recomendaba hacérselo saber al niño, para evitar males mayores en la clase. Sin alcanzar a saberlo del todo, la ilusión y la realidad centraban permanentemente el debate infantil, desde comienzos del mes de diciembre hasta los días inmediatos a la vuelta de las vacaciones de Navidad.

Ni que decir tiene lo que suponía para Pablo la pérdida de cada diente. Era una fiesta: por la mañana daba pelos y señales de cómo era el ratoncito Pérez. «Lo he visto, lo he visto», repetía a voz en grito y con insistencia pertinaz cuando en vez del diente se encontraba un regalito. Qué bonito era. «Me ha acariciado con los bigotes». La complicidad de su hermano, mayor que él, le sirvió para disfrutar de sus ilusiones y ser el ayudante y sugeridor de la ambientación y del regalito que le caía.

Tuvo que ser aquella tarde, años después, en que la familia celebraba el cumpleaños del hermano mayor fuera de casa, cuando los ladrones aprovecharon para forzar la puerta y entrar en el domicilio. Con la celeridad de quien no se detiene a buscar sino lo que le reporta ganancia inmediata, dinero y joyas, desvalijaron la casa entera y la dejaron con el desorden propio de un campo de batalla.

Tras los primeros sentimientos de rabia, confusión e incredulidad, por parte de los padres, estos recorrieron la vivienda con cierta meticulosidad. De pronto, no echaron de menos sino el móvil del padre y algunos objetos (pendientes y pulseras) de cuando la madre fue niña. Era más el valor sentimental que el monetario el que suscitó la contrariedad y la impotencia. La madre llegó a decir que el robo de la casa le resultaba equiparable a una violación. Han entrado en mi intimidad y han manoseado lo más preciado: mi espacio y mis cosas.

En estas estaba la familia cuando, pasados los primeros momentos, de pronto Pablo echó a correr a su habitación. Nada más entrar empezó a gritar: «¡Mi hucha!, ¡mi hucha!, ¡me han robado la hucha! Papá, mamá, han roto la hucha y se han llevado todo mi dinero». Y rompió a llorar desconsolado, como a quien le arrancan lo más preciado que tiene entre sus manos.

Sus padres le prometieron compensar la cantidad que hubiera en la hucha. No se atenía a razones. Solo gritaba, entre sollozos: «Era mía, era mía! ¿Por qué se la tienen que llevar? Desde los seis años he ido guardando el dinero que me iban dando los abuelos y los tíos». No había manera de consolarlo. Lloraba con rabia y con gestos incontenibles.

Llegó la policía a informar sobre el caso, y el cerrajero del seguro, a cambiar las cerraduras forzadas de la puerta de la casa. Los padres acudieron a la comisaría de Policía a hacer la correspondiente denuncia. Al día siguiente llegó la policía científica a ver si encontraba huellas. Precisamente, se detuvieron los agentes en la manipulación de la hucha; aplicaron los polvos imantados y un líquido que detecta la presencia de huellas, en caso de haberlas, pero nada: habían utilizado guantes. «Se las saben todas», sentenció uno de los policías.

Pablo, al día siguiente, fue al colegio, como si tal cosa. Le dieron sus padres una nota para la maestra en que se explicaba someramente lo ocurrido con el propósito de que la docente tuviese en consideración el estado de ánimo del niño, a la vez que le solicitaron la necesaria discreción. No obstante, Pablo no pudo evitar contar a sus compañeros lo sucedido. La reacción de los niños fue unánime: los ladrones son gente mala. No faltó la casuística propia del caso: «pues me contó mi abuela…»; «pues a un compañero del trabajo de mi madre…»; «pues anda, que al carnicero de mi barrio…»; «pues dice mi tío que su novia se enfrentó en la calle con un ladrón y la gente le ayudó a detenerlo»; etcétera, etcétera. La maestra tuvo que reconducir la situación, de manera que no se tornase el caso en un drama contagioso.

A la vuelta del colegio, por la tarde, cuando llegaron los padres de sus trabajos, le contaron a Pablo las pesquisas de la policía científica y la conversación telefónica que había tenido la madre con la compañía del seguro en lo tocante al dinero de la hucha. Le devolverían una cantidad. No sería todo lo que le habían robado, pero contribuiría a juntar la suma aproximada de lo ahorrado. Los abuelos paternos y maternos rápidamente se brindaron a resarcir el resto: lo que faltaba, según él, hasta el total de lo que había recaudado en su hucha.

Pablo, durante la cena, no disimulaba la alegría momentánea que le supuso la ayuda de sus abuelos, pero ver su hucha rota por los ladrones, forzada con alicates o tenazas para sacar hasta el último céntimo, y recordar cómo se habían encontrado la casa cuando llegaron de celebrar el cumple de su hermano le produjo un sentimiento de invasión y de falta de respeto por lo que era suyo y que con tanto mimo había ido guardando desde pequeñito. «No se lo perdonaré en toda mi vida. Son ladrones, son malos, se merecen que le pase lo mismo a sus hijos», decía una y otra vez, en tono de excitación, hasta que consiguió dormirse profundamente.

Con el tiempo, Pablo comprendió que, en su momento, se había sentido como la muñeca de los sueños rotos.

9. Desechos

Me llamo Jacinto Rezpe Vobra. He dedicado a la docencia más de media vida con satisfacción. Me llegó la hora de retirarme de la carrera y lo hice sin vértigo alguno ni red protectora para amortiguar nostalgias y egos. Pronto me sentí como si nunca hubiera trabajado. En unas horas desalojé el despacho del centro de trabajo y enseguida asumí que empezaba otra vida: la de retirado de la vida activa.

A las pocas semanas de jubilado, empecé a hacer limpieza de papeles en casa. Nunca me ha gustado guardar documentos inservibles, a pesar de lo cual tenía almacenados más de los que yo creía, y que debía llevar al contenedor. Así fui despejando carpetas y archivadores que contenían copias de libros, artículos y capítulos publicados, certificados de toda índole, nombramientos y actas de tribunales y documentos varios que justificaban la veracidad de lo referido.

Algunos ratos destiné a esta tarea en días distintos, hasta que llegué al *curriculum vitae*, que tenía que destruir para siempre. Varias veces pospuse la decisión de destruirlo, siempre con excusas espurias. Tenía que hacerlo, pero sentía que, de alguna manera, borraba de mi vida la carrera de cuarenta y tantos años. Se trataba de arrojar al contenedor del papel documentos que acreditaban esfuerzos y méritos en la carrera del oficio. Suponía desprenderme del alma de la profesión y de los recuerdos y experiencias que llevan acumulados cada uno de esos documentos: productos generados, lugares visitados, gentes conocidas y relaciones establecidas entre colegas de lugares distintos. Todos ellos me evocaban los nervios y tensiones soportados hasta exponerlo y defenderlo en público, en las diferentes partes del mundo convocante.

Finalmente, me decidí a hacerlo. Cada documento que rasgaba, al menos en cuatro partes, antes de depositarlo en la bolsa que llevaría después yo mismo al contenedor, era como si rompiese horas y horas de búsquedas en libros y bibliotecas al lado de gentes inquietas por el conocimiento; experimentos realizados en las aulas para comprobar si los estudiantes entendían mejor determinados conocimientos; exposiciones y debates mantenidos con colegas en foros diferentes, en los más diversos formatos y situaciones; eran, a su vez, testigos de la evolución de mis intereses profesionales.

Estos papeles también eran testimonio de los tiempos restados a la compañía con los míos, en momentos en que tuve que justificar lo más difícil: dejar de jugar con mis hijos, por tener que terminar a toda prisa, y con máxima concentración, una aportación a un congreso de la especialidad. Cuántos «esques» tuve que fabricar para tranquilizar sus miradas cuando imploraban que jugase con ellos, que les contase un cuento una y otra vez, al acostarse («El tren de los gallegos», «La luna y el sol amiguitos son…», «El lobo y los siete cabritillos», en el que tenía que expulsar aire de la boca con la intensidad necesaria como para que sintiesen en su propia cara que el viento era tan potente como para derribar la cabaña), hasta que el manto de Morfeo les envolvía con el lento bamboleo de las alas de su capa.

Cuántos «luegos, mañanas y sí-peros» fue necesario inventar para continuar con la redacción de un texto, dejando la frase y el párrafo a medias, suspendido en el papel, que no retomaba hasta que los hijos se quedaban dormidos o embobados viendo los dibujos de la tele. A mi esposa le tuve que pedir disculpas y esfuerzos de comprensión más de una vez, por no poder salir al cine o a cenar con amigos, urgido por tener que entregar no sé qué documento en no importa qué formato para una determinada publicación o evento, en plazos siempre ajustados en el tiempo más de lo debido.

Ahora todos esos esfuerzos, desvelos y tiempos robados a la vida tengo que depositarlos en el contenedor de papel, como se hace con el *ticket* del mercado, el apunte del banco, los periódicos viejos; o las zapatillas de la plusmarquista, los calzoncillos del cachas gigoló de la calle de al lado, o el abrigo viejo de los herederos de la señora rica, o las prendas infantiles de la niña que ya creció, o las bragas de la buenorra del diecinueve, de la que se dice en el barrio que es amiga de la buena vida.

Pero cuando me encuentro con el *curriculum vitae* acumulado a lo largo de los cuarenta y tantos años, no es lo mismo: me produce zozobra y sentido de pérdida. Me resisto a aceptar que son solo desechos que se arrojan sin más al contenedor.

Troceados y convertidos los documentos del currículo personal como si se tratase de papel higiénico o papel de periódico para encender la chimenea en la casa del pueblo, me resisto a echarlos al contenedor y a olvidarme de ellos para siempre.

Armado de valor, por fin me decido a coger las bolsas que los contienen, y salgo de casa, camino de la calle en que se encuentra el contenedor. Mis pasos son dubitantes y recelosos, como si no quisiera llegar a donde iba. Mi cabeza y mi corazón, en una intensa pelea casi esquizofrénica, contienen y refrenan mis pasos. No puedo resistirme a pensar que en las bolsas van fragmentos de mi propia memoria, de la que me supondrá olvidarme para siempre. Siento que borro de mi cabeza los títulos y méritos académicos y profesionales de mi vida; que los tiro, y se acabó. Llego a sentir que asisto a mi primer entierro, que son los documentos los que me cortejan, silenciosos y testigos de mi vida, hasta depositarlos en el lugar destinado al efecto, el cementerio de lo inservible.

A pesar de ser determinante cuando tomo una decisión, por el camino al contenedor siento que las piernas me tiemblan y la cabeza se siente contrariada. Llegado al contenedor, mientras vacío las bolsas, no paro de decir para mis adentros: allá va mi carrera de la vida. Voy echando los papeles a puñados, despidiéndome de cada mérito o certificación, en un diálogo de recuerdos de experiencias, como si de mi propio velatorio se tratase.

En la otra boca del contenedor, el dueño de la tienda de chinos, ufano por hacer sitio en el establecimiento pequeño y oscuro, deposita envoltorios de cajas de leche y de barras de pan congelado que hornea a medida que va despachando a la clientela. No resisto ver cómo papeles y cartones se terminan juntando, en espera de un nuevo destino que ignora la procedencia anterior y la vida y el uso de cada uno. Sé que, del contenedor azul, papeles y cartones irán al centro de reciclaje, donde se convertirán de nuevo en pulpa de celulosa para fabricar las bobinas del nuevo papel reciclado. Pero no me inquieta saber cuál será la segunda vida y posteriores que puedan llegar a tener estos documentos que guardé con tanto celo.

Con el adiós del entierro, de vuelta a casa, con las bolsas vacías, en el corto trecho que tengo que recorrer, me asalta la idea de que hoy empieza el currículo de la vida por vivir, sin títulos ni méritos que acreditar ante nadie; sin tribunales, ni convocatorias de ningún tipo. Esta nueva etapa es tiempo de disfrute y de aprovechamiento, en una nueva carrera para llegar en forma a una meta situada lo más lejos posible.

10. Dios nos guíe

—Señores viajeros: les habla la sobrecargo Teresa Buendía, del vuelo Iberia número 6586, con destino a la ciudad de Bogotá. La tripulación, y yo en su nombre, les da la bienvenida. Les rogamos que ocupen sus asientos lo antes posible y que guarden sus equipajes en los estantes que se encuentran encima de sus asientos. Tengan cuidado en la colocación de sus pertenencias; deposítenlas en los compartimentos que se encuentran encima de sus asientos.

Acto seguido repitió lo mismo en inglés. Antes de anunciar a la tripulación el protocolo del procedimiento de cierre de las puertas de la aeronave, una pasajera de edad madura, con cara de visible preocupación y gesto generoso, se pone en pie y se dirige a los pasajeros que alcanzan a escucharla en la primera sección de las filas de asientos de clase turista del avión, en voz alta y enérgica, a la par que delicada y respetuosa, dada la situación, en estos términos:

—Señoras y señores pasajeros: con la debida consideración, quedan ustedes cordialmente invitados a acompañarme en el rezo al buen dios todopoderoso para que guíe con acierto la mano del señor piloto y así podamos llegar felizmente a nuestro destino. Miedos y temores estaban congregados para ser ahuyentados mediante la oración.

Las azafatas, que deambulaban por la zona ocupadas en ayudar a los últimos pasajeros a acomodarse y a colocar sus equipajes convenientemente, así como en atender vicisitudes varias de última hora, empiezan a mirarse extrañadas con gestos de complicidad ante la iniciativa de esta pasajera. Ninguna se decide a intervenir, hasta que la que se encontraba más cerca de la pasajera, llevándose la mano derecha abierta al corazón, en tono visiblemente cortés y amable, le hace saber que el rezo es una cuestión personal e íntima. Se aproxima a ella lo más que puede y le añade con delicadeza exquisita que quizás sus sentimientos pueden no ser compartidos por otros pasajeros. Y, además, le advierte de que su actitud puede crear, sin pretenderlo, pánico entre los demás viajeros.

La pasajera bienintencionada, sorprendida y contrariada por la advertencia inesperada, se fue encogiendo hasta quedar acomodada en su asiento. Hizo caso a las palabras de la azafata.

Conocedora de que el diablo está en los detalles, estimó necesario hurgar en su bolso de viaje, y empezó a desplegar en su altar particular todo un rosario de estampitas, jaculatorias y santorales, con cuyos fetiches y ritos entregaba la confianza a su dios ante los riesgos y miedos contraídos por subir tan alto por los cielos. Con ello buscaba hacer bueno el principio cristiano que recuerda a sus fieles el deber de estar siempre dispuestos a dar razón de su esperanza, por lo que se disponía a recostar sus sueños durante todo el trayecto en la almohada de la confianza plena en su dios.

Un pasajero cercano, en tono suficientemente audible y no exento de escepticismo, se atrevió a describir el escenario del avión mediante una situación provocada por los diferentes dioses y ritos particulares de otros pasajeros, en función de sus creencias y religiones. No acertaba a imaginar el altar de los agnósticos y ateos si no fuera por echar mano de creencias de sentimientos de humanidad.

Tan pormenorizada situación produjo una complicidad hilarante y hasta sarcástica entre los pasajeros más cercanos que llegaron a enterarse de lo que allí se cocía. Pasajeros algo más distantes manifestaron inquietud por conocer qué estaba sucediendo más adelante. A la azafata que intervino en el asunto se le vio por un momento cariacontecida, si bien no pudo evitar esbozar un gesto contenido de sorpresa, durante la intervención de este último pasajero.

Pronto, la mayor parte de los viajeros se entregaron a la programación de ocio y entretenimiento que ofrecía la compañía aérea para atenuar los miedos que atenazan a quienes no consiguen conciliar el sueño para llegar descansados a su destino después de un viaje tan largo.

La azafata, tan pronto como pudo, no resistió la tentación de informar al piloto y al copiloto de las escenas vividas, de las que ellos, protagonistas principales, estaban siendo ignorantes, así como del ambiente ocasionado. Rieron un buen rato a costa de lo relatado.

El vuelo, a pesar de los tres momentos de turbulencias soportables y debidamente señalados por el comandante, finalizó con un aterrizaje impecable que mereció el aplauso de parte de los pasajeros.

Dios fue el guía.

11. Los vestidos de mi vida

Se sentía inquieta y no paraba de revolver papeles en los cajones y ropas en los armarios de casa. Parece como si el peso de los años le fuera anunciando la cercana presencia del invisible Hades, el de la guadaña.

Carmen pasaba las horas muertas cambiando las ropas de lugar: las de aquí para allá y las de allá para acá, guiada por evocaciones y recuerdos pasados con ellas en lo que podía ser su propia historia de acontecimientos personales, familiares y de compromisos profesionales.

«Este vestido me lo regaló mi amiga Menchu para la boda de mi prima Bea. ¡Qué bien lucía con él! Llamé la atención como pocas veces en mi vida. Me sentí plena, arropada con esta prenda». «¡Huy, este pañuelo me lo regaló Paulina para la primera comunión de mi sobrino pequeño! Aún recuerdo comentarios que me hicieron algunos familiares acerca de lo fino y lo mono que me quedaba, además de lo estilosa que me sentía yo con él». Y así iba comentando con sus vestidos, trajes y abrigos. Le faltaban interjecciones y admiraciones para tanta sorpresa como encontraba en este trajín permanente.

Otro tanto hacía en la casita de la playa, en la que, al cabo de los años de acudir allí durante los crudos veranos de la Meseta, y de los muchos años vividos, tenía ropa para dar y tomar. En los días en que no iba a la playa, al atardecer, después de haber dejado recogida la casa y de echarse una cabezadita, se dedicaba a ordenar los armarios y los cajones. Pocas cosas le satisfacían más, aunque despotricaba de la superabundancia de ropa que había ido acumulando, y no paraba de refunfuñar sobre cuánta ropa había sido capaz de almacenar ella sola. Pero se sentía complacida.

Carmen se regodeaba, sin embargo, llevando de un lado para otro las prendas, mientras decía en sus soliloquios: «La verdad es que debería llevar mucho de esto a Cáritas, o depositarlo en el contendor de la ropa, para que pueda servir a otras personas. Pero me da una pena...».

Con los zapatos, con los complementos y con las joyas y la bisutería pasaba tres cuartos de lo mismo: los zapateros y los armarios estaban hasta arriba. Todas estas prendas y objetos acumulaban el pasado de Carmen. Por ello, con frecuencia recurría a su particular «rincón del pasado», como acostumbraba a decir ella, donde se veía con sus ropas transportada a cada momento en que se entretejían lo soñado y lo vivido de manera indisociable, porque, como decía Unamuno, «nadie tiene más imaginación que la realidad».

«Mis amigas ya me han dicho que no quieren nada de ropa, que a ellas les pasa algo parecido: tienen los armarios repletos, ¡y mira que son grandes, eh! Hace tiempo que acordamos que solo nos regalaríamos compañía y salud (conversaciones, viajes, comidas y ocio)».

Llegaba a vestirse con los trajes y vestidos que mejores recuerdos le traían. Recreando los momentos vividos con ellos, paseaba ataviada por la casa, de preferencia por las mañanas, que es cuando estaba sola. Solía aprovechar también los tiempos en que tenía que estar en casa durante las horas que estaba la señora de la limpieza, Juana, que venía de los Servicios Sociales del Ayuntamiento.

En más de una ocasión Juana presenció escenas de los «vestidos de mi vida». Le parecía que el ajetreo que se traía Carmen era lo más parecido a los preparativos del carnaval o de un desfile de modelos de los de antes. Incluso Carmen le llegaba a pedir que dejase lo que estaba haciendo para que le ayudase y le diese su parecer acerca de qué tal le quedaba la indumentaria elegida. Juana, desde la extrañeza inicial de la conducta de Carmen, fue entrando en el juego, y hasta llegaba a disfrutar con la complicidad que le ofrecía la señora de la casa.

Se acicalaba convenientemente para dar realce a su ropa preferida, con zapatos, complementos, joyas y bisutería a juego. Hasta fue a la peluquería en alguna ocasión para sentirse completa. Más de una vez tuvo dificultad para embutirse alguna falda, pantalón, camisa o blusa, que, en no pocos casos, no le quedó más remedio que desechar. Eso le hacía caer en la cuenta de lo que había cambiado su cuerpo después de los dos partos y de los muchos años vividos. A la vez, sentía que este ir y venir con sus ropas y sus vestidos le acercaba a los tiempos de su infancia, cuando vestía y desvestía a sus muñecas, en los interminables juegos con sus amigas, en la puerta de las casas respectivas, o en las habitaciones, los días de mucho frío.

«Tras el desfile de mi historia», solía decir Carmen. En cada sesión de vestido sentía una satisfacción inmensa: revolvía los armarios y cajones, recolocaba sus ropas en categorías, conforme a sus preferencias y a sus historias personales, y, por encima de todo, esto era ocasión para rememorar ilusiones de antaño.

No era extraño que Carmen recurriese al álbum de fotos familiar para recrear con el máximo detalle la situación y la compañía en que lució las ropas. Incluso echaba mano también de músicas del momento acorde con las ropas y los eventos conmemorados, poniendo en su tocadiscos vinilos (*single* y *long play*) que guardaba como oro en paño.

El cuadro que representaba Carmen era completo. No faltaba nada para el disfrute. Cómo hubiera deseado haber inmortalizado la recreación de estos momentos y escenas de la mano de la paleta de un pintor reconocido o de un fotógrafo profesional. Pero le faltó decisión para llevarlo a cabo.

Sin embargo, Carmen se armó de valor para comentarle a su hija que, en la próxima comida familiar, para celebrar el cumpleaños del nieto pequeño, se vestiría con las mismas ropas que lució el día del bautizo de la criatura. Las guardaba con esmero y gran detalle. Algún arreglo tuvo que hacer con ayuda de una vecina modista. Le rogó discreción a su hija, de manera que fuese la sorpresa que perseguía.

Llegó la fecha y Carmen apareció engalanada con sus ropas del día del bautizo del niño. Fue una sorpresa bien celebrada. Se prodigó en contar los detalles que con tanto esmero había indagado y aprovechó la ocasión para emplazar a toda la familia, si así lo estimasen, a continuar entre todos esta iniciativa para hacerla costumbre familiar. Entre risas esbozadas y sorpresas indisimuladas, los nietos y la hija asintieron decididos ante la oferta de la abuela.

12. Adiós

Suena el telefonillo de la puerta de la calle en casa de Efrén Buendía.

—Somos el personal sanitario de su hospital. Venimos a auxiliarle. ¿Nos abre, por favor?

—Adelante. Suban —respondió alguien con voz segura.

Efrén se encontraba ante la hora de la verdad. Llevaba años esperando este momento. Lo había imaginado tanto en situaciones de bajón como en los de euforia, los menos. Era la única solución a sus males. Estaba decidido. Lo esperaba como mejor remedio a sus dolores insoportables. Padecía esclerosis lateral amiotrófica, ELA, enfermedad progresiva del sistema nervioso, incurable por ahora, que le tenía postrado en la cama y en silla de ruedas, con dolores inaguantables, incluso con morfina.

Se había preparado para la ocasión como si se tratase del acontecimiento más importante de su vida. Pidió lucir el traje que guardaba para ceremonias y compromisos. Vistió la corbata más apropiada. Los zapatos estaban lustrosos. Le habían rasurado bien, como merecía la ocasión.

Los ánimos los tenía preparados desde hacía tiempo. Se le cruzaban los sentimientos de tristeza y de alegría: los primeros, porque dejaría de ver a su familia, asidero fundamental en su vida; los segundos, porque por fin dejaba de sufrir inútilmente y sin esperanza.

Fue pionero en la aplicación de la ley de eutanasia o muerte digna que amparaba sus derechos por los que tanto había peleado, incluso para la puesta en funcionamiento de la Comisión de Garantías y Evaluación de la Comunidad en que residía, que desde el comienzo se mostró un tanto reticente a desarrollar esta ley compasiva.

Solicitó al personal sanitario que acompañaría su muerte digna irse al atardecer, cuando el sol se esconde y la noche gana espacio con su capa de oscuridad, en la que se imaginaba envuelto. Había previsto, cuando empezó a soñar con ese día, que el sábado convocaría a sus amigos para celebrar la última cena y al día siguiente una comida familiar para despedirse de los suyos. «Para resarcirse de tanto dolor inútil», declaró en sus palabras finales en ambos actos.

Diseñó la cena como una cena especial. Encargó los mejores manjares, sin preocuparse de glucosas, sales, grasas, ni cantidades ni pesos, ni nada de nada. Quiso que fuese una auténtica cena de gala.

Para la vecindad y para los compañeros de trabajo tuvo también recuerdos especiales; dejó escritas sendas cartas de reconocimiento y agradecimiento por las muchas ayudas recibidas y por las palabras y los gestos de consuelo recibidos a lo largo del larguísimo proceso de la enfermedad que tanto le había hecho sufrir.

El lunes, a la hora deseada por el enfermo, rodeado por los suyos, se produjo la despedida final. Se fue en medio de palabras entrecortadas y de agradecimiento a los más próximos. A duras penas, preso de los efectos, pudo agradecer al personal sanitario la ayuda que le estaban prestando. Los silencios embargaron el ambiente de la habitación elegida para la despedida, mientras sonaban de fondo canciones de los Beatles y de los Rolling, conforme a lo que había planificado él mismo con tanto tiempo y esmero. Quiso que coincidieran los estertores de la muerte con las sevillanas del adiós. Coincidieron los sones del «algo se muere en el alma cuando un amigo se va...»; y del «no te vayas todavía, no te vayas, por favor...», que tanto le subían la moral cuando lo hacía sonar en sus aparatos de música.

«Adiós, Efrén. Has sido un valiente. Has actuado en consecuencia con tu manera de entender la vida y la muerte. Que sepas que tu memoria permanecerá para siempre con nosotros. Te hemos querido y te queremos». Estas fueron algunas frases que cerraban la despedida. Lo besaron. Y se fue.

El hijo no pudo resistirse a comentar el significado del nombre de su padre (fructífero, en hebreo, como él gustaba repetir) y remarcar con dolor la oportunidad de su apellido (Buendía). «En honor a mi padre —dijo dirigiéndose a todos—, hoy es un buen día para él; también para nosotros, por la lección de vida que nos ha dejado». Rompió a llorar desconsolado.

El personal sanitario transmitió el pésame a los familiares, cumplimentaron la partida de defunción correspondiente y abandonaron el domicilio con el corazón encogido. Conocían bien la larga lucha de supervivencia mantenida por el paciente, a sabiendas de que luchaba contra una enfermedad incurable, como el que se saber perdedor, pero mantiene la lucha hasta el final.

13. Chupetes para todos

Este año la cena familiar de antes de la dispersión veraniega tuvo sorpresa. La conversación, como de costumbre,
giró en torno a los trabajos de cada uno y a asuntos de
actualidad: los triunfos de Nadal, de Pogacar en el *tour*
de Francia y de la selección femenina de fútbol en los
campeonatos europeos, y, por supuesto, del chupinazo de
los sanfermines. No faltó la referencia al aumento de los
índices de contagio de la covid-19. Se destacó, a este respecto, la cantidad de gente que había en la plaza del Ayuntamiento de Pamplona, en aglomeraciones nada acordes
con las distancias que recomiendan sanitarios, virólogos
y epidemiólogos. Los destinos de vacaciones y los turnos
para regar las plantas y echar un vistazo por las casas respectivas ocuparon buena parte de las conversaciones.

Se mencionó de pasada la guerra de Ucrania y sus consecuencias en la carestía de la vida, así como el otoño que
se avecina con el posible corte del suministro del gas que
viene de Rusia: la batalla más eficaz contra la sociedad del
bienestar de los aliados europeos de Kiev.

Cuando la velada iba languideciendo, consecuencia del
cansancio de la jornada de mitad de la semana, Alberto y

María echaron mano de una bolsa en la que habían traído unos regalitos que fueron entregando conforme a la jerarquía de edad. Fueron estos detalles tan inesperados como sorprendentes.

Primero se lo entregaron a la abuela. Se veía que era el paquete más abultado; los demás eran pequeños, ajustados en apariencia al detalle que siempre se debe la familia cuando alguien sale de vacaciones. Se nos insistió en que se trataba de un regalito de recuerdo de Covadonga, adonde fueron a correr en bicicleta Alberto y su hermano con otros amigos de la grupeta, a los que, en esta ocasión, acompañó María, en una concentración ciclista de las tantas que se organizan anualmente.

María y Alberto fueron animando a que se abrieran los paquetitos. Pidieron a la abuela Ana que fuese ella quien lo abriese primero. Así lo hizo, en medio de risas de expectación y de bromas, y se encontró con lo que menos pensaba ella y los demás comensales: con un bodi de bebé, en cuya parte delantera había una leyenda que no acertaba a descifrar a simple vista.

Mientras buscaba las gafas, no paraba de exclamar: «¡Ah…! ¡Ah…!», entre alegrías y aspavientos, acompañados por la sorpresa cómplice de todos, que iba en aumento conforme iba desplegando la abuela el papel del envoltorio e iba viendo la prenda del bebé, a la vez que veía la leyenda que tenía grabada.

«Léelo, abuela», insistía Alberto, convertido en maestro de ceremonias.

Se dispone a leerlo. Lo hace de manera entrecortada, con ojos de ilusión, y mientras comenta: «Esto me huele a algo. ¡Qué cosita más mona!», dice al ver el bodi completo, que levanta bien para que lo divisaran todos. «¡Ay, qué bonito!», termina de leer, entrecortada y emocionada, el texto del bodi, que decía: «Mi bisabuela se llama Ana».

Besaba y besaba el bodi a la vez que exclamaba una y otra vez: «¡Ay, qué ilusión! Si ya decía yo que últimamente había muchas bromas y alusiones al niño venidero: que si el coche que vamos a comprar tiene un maletero grande para que quepa el cochecito y los cachivaches del niño; que si ya tenemos el coche y solo falta ya el niño; y otros parecidos». Con sus noventa y cinco años, la bisabuela en ciernes nada quería más que «tener salud para ver nacer a la criatura», sentenció ante todos la abuela en tono solemne.

«Claro que sí, abuela. Claro que le vas a ver nacido —le dijeron a coro los nietos—. ¡Y hasta lo tendrás en brazos y le verás corretear!».

«Bueno, ahora podéis abrir todos vuestro paquetito», continúa ordenando Alberto. Entre nervios y emociones, aciertan a ver que en cada regalo había un chupete de bebé, con su leyenda respectiva: «Estos son los mejores abuelos del mundo»; «Este es mi mejor tío abuelo del mundo»; «Este es mi mejor tío del mundo». Cada quien miraba y giraba su chupete en un ambiente de máxima alegría y de sorpresa, a la vez que ponderaba el acierto de cómo los padres habían comunicado la venida de este nuevo miembro de la familia. En medio de las emociones y las alegrías tan esperadas, envueltas en cierta incredulidad por la larga espera, cada quien fue expresando sus sentimientos. Era el primer nieto de la familia.

La impresión generalizada era que todos ganaban categoría familiar, subían de grado: la pareja pasa a ser padre y madre; la abuela se convierte además en bisabuela; los padres, en abuelos; el tío, en tío abuelo; el hermano y cuñado, ahora es además tío. Sentían que la noticia empezaba a cambiar las cosas en la familia.

Los nuevos padres cuentan el proceso de gestación seguido hasta la fecha: las pruebas realizadas y las que quedaban pendientes. La familia se interesa por el sexo de la criatura e incluso hacen apuestas por si sería niño o niña. La respuesta queda emplazada para dentro de unos días en que la madre tiene que hacerse una ecografía que determine el estado general del feto. En ella se espera poder ver el sexo de la criatura. Los padres no expresan preferencia por que sea niño o niña: «con que venga bien, nos damos por satisfechos», decían los dos cuando se les preguntaba.

De nuevo se reanudan los comentarios acerca de la sorpresa que habían dado a la familia Alberto y María, y se empiezan a unir los cabos que quedaban sueltos hasta este momento. «Yo sospechaba que pronto iba a haber noticias», insistió la bisabuela; «no dejaban de hacer bromas con el coche y el cochecito», añadía el tío abuelo; «por fin llegó el día esperado», comentaron los abuelos. El tío, cómplice de la situación, jugó el papel de quien conoce el guion, y no dejaba de hacer bromas a la madre y al padre.

La cena terminó entre sorpresa y alegría, a la espera de saber si la criatura sería niño o niña, y pendientes del desarrollo hasta su nacimiento, que, según el cálculo de los padres, será la segunda quincena de enero de 2023.

Entretanto, la familia dio la enhorabuena a los padres y celebró la bienvenida a este nuevo miembro.

P.D. Los planes se cumplieron, y llegó el día del nacimiento. Todo salió conforme a lo previsto. Es un niño. Ahora vienen los baberos.

II. LA CRISIS DE SIEMPRE

Los hombres encuentran en las mismas crisis la fuerza para su superación.

[...] El ser humano sabe hacer de los obstáculos nuevos caminos, porque a la vida le basta el espacio de una grieta para renacer.

ERNESTO SÁBATO, *La resistencia.*

14. Precariado

—Paco, te llama por teléfono gente a la que entregaste tu currículo. Ponte —le dice Pili—. Pero date prisa, coño —le dice, al verlo amodorrado en el sofá—, no vaya a ser esta la definitiva, que mira cómo andamos de ingresos.

—Ya voy, que esperen un poco, joder, que llevo echando currículos como un desesperado y consultando el InfoJobs ese y difundiéndome a través de las redes sociales cada día, y ahora me van a venir con prisas...

—Sí, dígame. Sí, sí, soy yo. Sí, Francisco Pérez Pérez. ¿Qué desea?

—Mire, que le llamamos porque necesitamos a alguien para ayudar en la descarga de camiones de una empresa del sector alimentario en Merca Madrid, de martes a jueves, y de diez de la noche a cuatro de la madrugada, durante el mes de diciembre hasta Reyes. ¿Estaría usted disponible?

—Sí, sí lo estoy. —Tras las explicaciones minuciosas de la tarea que debería desempeñar, Paco da su consentimiento y muestra interés por el trabajo—. Pero antes me gustaría saber cuánto me van a pagar ustedes, les dice. Tenga en cuenta que soy padre de una criatura y no tenemos en la familia más ingresos que los que gane con ustedes. Sobrevivimos la familia gracias al salario social, a mis padres y a mis suegros. Y, aun así, nos las vemos y deseamos para llegar a fin de mes.

—Bueno, pues ya sabe usted: nosotros le retribuiremos por horas trabajadas, hasta el vencimiento del contrato temporal, como le he indicado anteriormente, al precio que marca el sector: a doce euros con cincuenta céntimos la hora, más los derechos laborales que le correspondan. Quiero decirle, no obstante, que es posible que pueda continuar después sustituyendo a un mozo de almacén que ha anunciado ya su renuncia al puesto por incompatibilidad de horarios. Así que ya sabe: piénseselo de hoy a mañana: Es usted el primer candidato. Su currículo nos ha interesado, pero sepa que hay otros a la espera de su decisión.

Y Paco le dice a Pili:

—Joder, Pili, vaya oferta que me hacen. No se les cae la cara de vergüenza. Se creen los reyes del mambo. Y no hay otra: o lo coges o lo dejas, pero esto es lo que hay. Tenemos que pagar los gastos del vivir y del comer todos los días, y ya estoy harto de ir al comedor social, al banco de alimentos, de echar mano de toda la tribu para sobrevivir los tres. Así que lo aceptaré, no me queda más remedio.

—Que sí, Paco, que sí. Que a mí también me jode. O ¿qué crees, que yo no padezco lo mío? Pues ya ves: a mí no me ofrecen ni eso. A veces me dan ganas de ponerme de puta en una esquina —sentenció en un momento de explosión de rabia—. Tanta es mi desesperación. Me río yo del lumpen y del proletariado y de la lucha de clases que defendían los marxistas. Ahora no tenemos ni eso: somos unos parias desorganizados y mansos, envueltos en la indigna pobreza mental que han hecho resurgir con la crisis los gánsteres de la troika del dinero y del mercado. Y encima se han inventado eso del precariado para santificar que tener trabajos de mierda descuenta en las listas de parados del INEM, y esto nos amordaza para llevar con cuentas sinnúmero la supervivencia más ramplona.

—¿Sabes qué te digo, Pili?, que esa gentuza pisotea la dignidad humana y a la vez infunden un miedo reverencial. No hay arrestos para defender que todos tengamos pan, trabajo y techo; educación, sanidad y servicios sociales; derechos y libertades. Nos tienen enredados con discusiones bizantinas: que si banderas, que si nacionalidades, cuando no independentismos varios; y, mientras, lo esencial se escapa. Nos están colando, como quien no quiere la cosa, sus modelos neoliberales mediante los que imponen el individualismo más feroz del sálvese quien pueda. Así no vamos a ninguna parte. No es manera de luchar por el bien común, por lo público y por los derechos de todos. Y encima estamos perdiendo las conquistas de la sociedad del bienestar que predicaba la socialdemocracia. Se inventan fondos buitres para desahuciar las viviendas sociales, se apropian de bienes públicos sin pudor alguno, acomodan las leyes a su conveniencia, crean dobles redes en los servicios públicos: para ellos y para los pobres, asfixian a la población con recortes sin fin. Llevan a la pobreza y a la indigencia a la gente. ¡A ver si alguien pone orden en esto!

—Peor aún —hilvanó Pili con su apreciación—: los de por arriba que mandan en el dinero y en la política, que, digo yo, tanto monta, monta tanto, no dejan de inventarse nombres para llamar a las cosas de otra manera. Lo dicen de distinta forma para despistar a la gente y así engañar mejor. Ya no vale aquello de al pan, pan, y al vino, vino, que decían nuestros abuelos, sino que se atreven a prometer y no cumplen; y hasta cuentan mentiras sin pudor alguno.

—Es verdad —sentenció Paco—, nos tienen pillados por todos los lados: van camino de desmantelar el sistema público de servicios y de ayudas sociales, con lo que han conseguido que sea la familia, la caridad y la solidaridad particulares quienes sostengan los problemas que ellos crean, y que a la vez esto supone el freno del cabreo social generalizado. No hago más que agachar la cabeza. No me queda ni rebeldía. Siento el pesado yugo de la resignación que me aplasta, pero tengo que vivir. Mañana llamaré para aceptar el curro. Nuestro hijo es la esperanza ––le dice con resignación a su mujer.

El martes, a las nueve de la noche, tras cenar las sobras que quedaban de la comida, Paco se despide de Pili y de su hijo; coge el autobús que le lleva hacia su nuevo trabajo, con la esperanza de que algún día todo esto mejore y así poder recuperar la vida digna de mileurista que algún día tuvo.

15. ¡Que no voy a salir de pobre, mujer!

El mendigo estaba como de costumbre entre las dos máquinas que gestionan los *tickets* del aparcamiento del Hospital Comarcal. Abrigado y con un gorro de lana en la cabeza, se frotaba las manos a la vez que movía el cuerpo para entrar en calor y protegerse del frío y de las corrientes que subían por la escalera del aparcamiento, el antepenúltimo día del año.

Amable y servicial, saludaba a todo el mundo y felicitaba las fiestas navideñas con la corrección exquisita de quien se sabe perdedor en la vida. Su función consistía en echar una mano a la gente para liberar cuanto antes el coche, facilitando el pago correspondiente en el sistema engorroso de las máquinas, a cambio de una propina o de los restos que devolvía la máquina.

Evaristo tuvo que pasar revisión oftalmológica ese día del año. Iba a recibir noticias para incorporarse a su actividad normal. Le acompañó su mujer, Justina. Finalizada la consulta, con los ojos dilatados y expuestos al sol del día anticiclónico con que nos granjeó la Meseta Castellana, los dos se dirigieron a los cajeros para satisfacer el pago que permitiría sacar el coche. Evaristo caminaba cabizbajo, protegiendo la visión de la luz solar chillona por la dilatación de los ojos, con ayuda de sus gafas fotocromáticas para evitar en lo posible la exposición al sol.

Llegados a los cajeros, Justina introdujo el *ticket* en una de las dos máquinas, que le anunció el importe: cinco euros con cuarenta y cinco céntimos. El precio debía ser exacto. No devolvía cambios.

Tras buscar y rebuscar en la cartera y el billetero, no encontró sino un billete de cinco euros y otros dos de cincuenta. Lo mismo le sucedió a Evaristo, quien, a duras penas, pudo comprobar que no disponía nada más que de dos billetes de cincuenta euros. Entre los dos no contaban con un solo céntimo de chatarra.

—Espera que miro bien en el bolso, por si encuentro alguna moneda caída dentro —exclamó Justina, en medio de la incomodidad que la situación le creaba: la máquina no admitía billetes superiores a veinte euros y, por otra parte, no quería dejar a Evaristo solo en ese trance—. Pues no, no encuentro nada suelto.

—Yo tampoco tengo —sentenció Evaristo.

El mendigo, testigo de la situación y del devaneo de la pareja en busca de los céntimos necesarios para completar la deuda, sin pensárselo dos veces, le ofreció a Justina las monedas que le faltaban.

Justina no podía consentir la oferta sin poderle restituir la cantidad, acrecentada por el favor que ello suponía. Rebuscó una vez más en el bolso por ver si pudiera dar con alguna moneda que resolviese el dilema. Pero no, no tenía nada de calderilla. Entre tanto, Evaristo permanecía cabizbajo, huyendo de la luz solar, que tanto le molestaba, a la vez que era partícipe de la misma inquietud y contrariedad que le suponía tener que ser ayudados por quien reclamaba gentilmente una pequeña ayuda para sobrevivir.

El mendigo, solícito, le increpó delicadamente a Justina, en tono condescendiente y colaborador:

—Reina, yo le doy los céntimos que le faltan, no se preocupe, que estos del cajero no conocen ni a su padre. O introduce la cantidad justa, o no le devuelven la diferencia de la cantidad que usted introduzca.

—Que no, hombre, que no. Cómo voy a consentir yo que usted tenga que poner dinero teniéndolo yo. Faltaría más. Bastante está haciendo usted con ayudarme a introducir debidamente el *ticket*. Es que esta gente no piensa en que una no pueda disponer de las monedas y billetes adecuados. Y anda que es baratito este servicio, ¿eh? Estos son unos chorizos de marca mayor.

—Ande, reina, que yo le pongo lo que le falta. No sea testaruda. Si yo por eso no voy a salir de pobre ni voy a dejar de dormir en la calle.

—Pero cómo voy a consentirlo —le replicó Justina.

Mientras, Evaristo presenciaba impasible y con la misma incomodidad el ofrecimiento del mendigo sin dejar de pensar que quien solicita ayuda es quien mejor la ofrece a los demás, así como que resolver determinadas situaciones requiere contar, al menos, con lo justo.

Así fue como, en medio de esta tensión, no les quedó más remedio a Justina y a Evaristo que aceptar que el mendigo introdujese en la máquina la suma de cuarenta y cinco céntimos de euro, necesarios para poder sacar el coche del aparcamiento.

El gesto generoso tuvo su recompensa.

16. ¡Si yo trabajo para ser pobre!

—Buenas tardes.

—Buenas.

—Vengo a buscar el cartucho de la impresora, que me lo trajeron equivocado ayer.

—Ah, sí. Recuerdo su caso. Pues no voy a poder ayudarle. No está Raquel, que es quien lleva esas cosas, y yo no sé dónde puede haberlo puesto, si es que llegó del almacén. Lo siento, pero va a tener que volver mañana. Déjeme su teléfono y le llamamos nosotros para que no se dé el paseo en balde.

El cliente con un tono guasón le dice al dependiente:

—Van a tener que invitarme ustedes a un café para compensar tanto paseo por culpa del cartucho de marras y del «vuelva usted mañana», como decía Larra.

A lo que responde el dependiente, resignado y con tono de impotencia:

—Si yo trabajo para ser pobre... No me puedo permitir esos lujos. Qué más quisiera yo que aliviar con una atención en forma de café o de refresco la espera en la tienda y resarcir los inconvenientes y despistes que, como en todas partes, ocasiona el día a día del comercio, pero ya ve usted el panorama que tengo, ¿no?

—Pues sí. Me hago cargo. Aunque igual la cosa se le pone algo más fácil, ya que en esta crisis, el Banco Central Europeo; los sindicatos de clase, como se llamaban antes; el Banco de España, ¡y hasta la CEOE! no dejan de hablar de que es preciso elevar los salarios de los trabajadores de los países del Mediterráneo, de los famosos *pigs* (conforme a las iniciales de Portugal, Italy, Spain y Greece), como se empeñaron en bautizar los ricos del norte de Europa (los frugales o austeros) a los ribereños del Mediterráneo: los cerdos y vagos, derrochadores, que no la hincan, que solo se dedican a sestear y a beber y montar juergas en tabernas y plazas. Y, a pesar de todo, dice usted que trabaja porque es pobre, hasta aquí, como siempre fue; pero la novedad es que, al ritmo que vamos, ¿el trabajo que se realiza es para mantenerse como pobre, con la desesperanza de no dejar de serlo? ¡Como si eso fuese un estatus deseable! Bien verdad es que, como dice Buero Vallejo en *El tragaluz*, solo los pobres saben que son pobres. Y encima los que mandan se empeñan en negar la crisis o como se quiera llamar a la reducción de Estado y al incremento de las desigualdades y de la ambición desmesurada.

—¡A mí me va a decir usted...! Tengo que estirar la nómina cuando cobro al final de mes más que los chicos cuando sacan la goma de chicle de la boca para mostrar quién es más atrevido y más guarro. Y, aun así, no me llega. Antes de cobrar el mes, ya tengo en la cabeza la lista de distribución de las deudas, como sucedía con el apunte de los años de la posguerra, según dice la gente mayor que pasaba antes. Por si esto fuera poco, ayudo a mi madre, que enviudó hace tres años, por la muerte de mi padrastro, tras una enfermedad grave y larga. ¡Cuánto tuvimos que sufrir y cómo echamos de menos las ayudas del Estado! Yo pertenezco a los nadies, a los ningunos y a los ninguneados, como dice tan acertadamente Eduardo Galeano. Defiendo que haya más Estado, por ser la mejor defensa de los pobres. Y ahora que podía aspirar a cierto desahogo, me encuentro con escaseces por todas partes. ¡No puedo ni independizarme! Salgo con una chica desde hace unos años. Ella tiene una situación algo más holgada que la mía, pero poco mejor, no crea. Los dos tenemos claro que, mientras el techo de casa y la comida de nuestras madres estén seguros, lo mejor es permanecer quietos en casita. Que fuera está la cosa difícil.

»Pero, eso sí, no paramos de escuchar noticias del gobierno, de los sindicatos, de organismos económicos de todo rango que dicen comprendernos. No dejan de sermonear con que no se puede vivir con lo que nos pagan, que no podemos gastar y que se estanca el consumo. ¡Y encima culpan al incremento salarial de ser la mayor carga que impide la competitividad! En fin, la retahíla conocida. Estos políticos dicen también estar preocupados por que en España no nacen niños que puedan contribuir a pagar los grandes costes de una sociedad envejecida. Y digo yo: pero si no podemos tener techo, ¡cómo vamos a poder formar una familia!

»No les creemos nada de nada. Que se pongan en nuestro lugar si quieren entendernos. Que vivan ellos con estos sueldos mensuales en una capital, y que me digan cómo lo hacen. Mira que lo tenía claro Sancho en el Quijote, cuando dice: «Dos linajes solos hay en el mundo, como decía una abuela mía, que son el tener y el no tener». Más claro, el agua.

»Este es nuestro presente, jefe; de futuro, ni hablamos: nos lo han robado, no existe. Buena parte de los jóvenes trabajamos y no salimos de carestías y de privaciones. ¡Peor que como vivían nuestros padres! ¡Mucho peor!

—¿Pero no habíamos quedado en que el trabajo es la fuerza que entregamos a cambio de un salario que nos permita vivir con dignidad?

—¡Qué va! Hoy no es así. Todo esto lo saben de sobra, pero no quieren solucionarlo; y a los bancos y a los empresarios les viene de perlas. Si no les obliga la ley, mejor que mejor. Si hasta evitan utilizar el nombre de pobre; ahora hablan de vulnerables, desfavorecidos, necesitados, excluidos, víctimas, con tal de evitar el nombre de pobre. Bien claro lo dice el diccionario de la Academia, que son personas que carecen de lo necesario para vivir, o que lo tienen con mucha escasez. Incluso el Evangelio de San Juan dice que a los pobres siempre los tendréis con vosotros. Pero los medios de comunicación se empeñan en tapar la realidad del imperio de la pobreza, ese dilatado continente, como dice Pérez Galdós en *Fortunata y Jacinta*.

»Los informes sesudos que hacen Cáritas, el Banco de Alimentos y ONG sin número aportan datos tozudos: cada vez es más difícil llegar a fin de mes. Y, en consecuencia, no deja de aumentar la pobreza, porque la brecha que hay entre el salario y el coste de la vida se agranda cada vez más. Ese debería ser el quehacer principal de los representantes políticos: diseñar políticas públicas que favorezcan el empleo para todos y el acceso a los bienes de supervivencia: infraestructuras, vivienda, sanidad, educación y consumo, principalmente.

—No le falta a usted razón. Bueno, bueno. Hasta luego.

—Que pase un buen día. Y no olvide llamar por teléfono o, si prefiere, pasarse directamente a buscar su cartucho. Seguro que estará ya en la tienda.

—Sí, sí, que a eso venía yo. Gracias.

17. Trabajar para vivir

Ring, ring, ring…

—¿Quién será a estas horas?

—Coge, Andrés, hijo, por fa, no se me vaya a quemar la cena — le dice su padre.

—Papá, es un señor de la empresa.

—¿Que quién es?

—Es Alejandro.

—Dile que le llamo dentro de 15 minutos. Joder, no le dejan a uno en paz. Hacer la cena a mis hijos me relaja un montón, decía siempre Tomás, después de haber bañado a Andrés, de siete años, y a Ester, de cinco, mientras les veía jugar y charlar entre ellos, antes de cenar, contándose las cosas del cole. Sandra estaba esta semana de noches en el hospital en el que trabaja de enfermera.

—Tiqui-tiqui —reclama con insistencia el wasap del jefe de equipo para que su gente lea para el día siguiente el informe que acaban de terminar el jefe de ventas y él. No disculpa por nada del mundo que no se traiga bien estudiado el contenido del informe para la reunión del día siguiente. ¡Bueno es el jefe de ventas…! Siempre espera el pronunciamiento de cada miembro del equipo, con las adaptaciones propias a la zona de cada quien. Exige implicación máxima.

—Otra vez más que me chafan el descanso y la noche. No hay manera de cortar con el trabajo. Desde que nos tienen en red a todos los miembros del equipo es un peligro. Consideran que estamos a su disposición las veinticuatro horas del día. Como si fuésemos esclavos de sus intereses. Hacen del trabajo la única razón de vivir. Parece que uno no es más que *homo laborans*. ¿Dónde queda mi vida, mi familia, mis aficiones, mis tiempos de silencio, e incluso de aburrimiento para perder la mente mirando al techo y recorrer mentalmente mis proyectos e ilusiones?

Vuelta con el tiqui-tiqui del wasap. Comentarios y más comentarios del equipo. Que si hay datos en el informe que no se ajustan a la realidad; que si hay productos mejores en el mercado que nos hacen sombra; que si la competencia nos está comiendo cuotas de mercado, etcétera, etcétera. Total, que para Tomás es una permanente exigencia mental al máximo rendimiento, pero en su casa.

Mientras, Andrés y Ester reclaman a su padre el cuento de cada día para envolver el sueño en las palabras mágicas de la noche. La madre les llama hacia las diez y cuarto, una vez recibidas las novedades, cuando el servicio lo permite, para desearles buen sueño a los tres y darles el beso de despedida del día, sin el cual los niños no acertaban a dormirse.

Tomás despotrica una y mil veces de la falta de límites en los horarios del trabajo. Sale de la oficina, sí, pero nunca tiene la seguridad de no tener que continuar, por los requerimientos del jefe de equipo. Le inyectan a uno dosis de estrés contagioso, despotrica con frecuencia en estas ocasiones.

Bañar a los niños, hacerles la cena y contarles un cuento para dormir le desconecta totalmente del ganapán del trabajo. Le cuesta hacer ver a los colegas del equipo de trabajo que las ocho horas de la oficina deben ser suficiente tiempo de dedicación a su quehacer laboral; otras actividades le reportan vida e ilusión, como ver crecer a sus hijos y participar de sus ilusiones. Le llena también la lectura, escuchar música y las salidas al campo con sus amigos de senderismo, con los que acostumbra a ir los domingos que le permiten sus obligaciones y los compromisos de la familia.

Los horarios laborales de Sara, sometida a cambios de turno, con tiempos de comidas y de sueño cambiantes, requieren a Tomás un plus de atención.

Nada como el silencio y el tiempo de reflexión, y hasta de aburrimiento, le satisfacen más cuando regresa del trabajo. En casa huye como del demonio de las soseces insulsas y dañinas de la televisión, y de los chats, y de los tuits obligados de los grupos de la cortesía en cadena. Es la mejor manera de lograr sus cuotas de silencio y de introspección.

Cómo celebró Tomás la entrada en vigor del artículo de la Ley del Trabajo en Francia, que obliga a las empresas de más de cincuenta trabajadores a regular los horarios de conexión al móvil o internet de sus empleados para respetar su descanso de noche y también durante las vacaciones. Veremos lo que dé de sí la medida a favor de desconectar con el trabajo, aunque bien vale la pena la noticia, siquiera sea para introducir el necesario debate de la jornada laboral, sentenció con escepticismo Tomás.

Por un lado, lo sintió como un espaldarazo personal, en espera de que llegase a España, ya que, con la delicadeza e inteligencia que la situación requería en su empresa, se erigió, sin pretenderlo, en defensor del derecho a desconectar del trabajo una vez abandonase la oficina. Sus problemas le ocasionó su posición dentro de la empresa. Se permitió renunciar a algún ascenso, pero le buscaron las vueltas en más de una ocasión. Tenía las cosas de la vida bien claras. Tenía vida propia. Era feliz.

18. Robot colega

Ya está aquí lo que faltaba. Ya tenemos a punto de formar parte de la familia al androide que cuidará de los mayores, conviviendo con el perro, con el gato y con el pájaro, compañeros de existencia de los abuelos.

El envejecimiento de la población, la economía global y la movilidad del mundo actual, con la diseminación de la familia y la vejez como negocio, han llevado a recluir a los ancianos en una soledad cada vez mayor y más prolongada.

Antes era la familia la que se encargaba de los viejos, con la ayuda solidaria de la vecindad. Ahora será el colega robot, con la oportuna instalación de sensores por toda la casa para monitorizar al mayor todos los días, el que se encargará de tutelar la vejez y sus achaques, los movimientos y el estado de la salud del residente, además de rellenar tiempos y vigilarlo convenientemente.

La cuestión es que el androide colega estará controlado remotamente por un ordenador, ¡que vaya usted a saber dónde morará en esos mundos de la nube…! Sabemos que la señorita de la compañía aseguradora y la del botón del ayuntamiento controlan a distancia, telefónicamente, a los mayores, y que se interesan a diario por su salud y por su existencia, a cambio de la cuota correspondiente.

La ventaja del invento es que, con la clave oportuna, podrán acceder a la información del robotizado tanto la familia como el personal sanitario autorizado. Naturalmente esto reforzará la teleasistencia —así es de esperar que se venda el invento— y pospondrá el ingreso de los abuelos en la residencia. No en balde, entre los patrocinadores del invento se encuentran Servicios Públicos de Salud, además de universidades y de instituciones varias, conocedoras todas ellas de las situaciones vitales de los mayores.

Desarrollados ya en el mundo de la producción y la logística, donde es común escuchar: «mi compañero de trabajo es un robot», los diseñadores del colega anuncian —¡faltaría más!— la dotación de juegos cognitivos en el equipamiento de los servicios que prestará. Sin embargo, no parece preocuparles por ahora el respeto a la intimidad del mayor, en la necesaria privacidad que toda relación exige. Nada se dice acerca de si el androide tendrá en cuenta o no el sexo del compañero de existencia, si es hombre o es mujer, si es locuaz o reservado, si le gusta jugar a las cartas o no, entre otras muchas peculiaridades, a la hora de personalizar el invento. Sabido es que son más fuertes y más resistentes que las personas, pero no pueden competir con el ser humano a la hora de resolver imprevistos, tan comunes en la vida de estos usuarios.

Se avanza el nombre de comercialización del aparato, pero, a pesar de la importancia que tiene saber con quién se habla, se desconoce si se llamará Pepe, Curro, Carmen o Isabel, o el nombre que cada cual prefiera, que, a fin de cuentas, será su compañía, más o menos deseada. No se escapará el detalle de personalizar al acompañante.

Tampoco está prevista la convivencia de este nuevo colega con el perro, con los pájaros o con el gato. ¿Cómo será la relación de estos moradores habituales con el androide? ¿Está prevista alguna posibilidad de interacción con los compañeros más fieles de los mayores? ¿Y con los nietos si frecuentan el domicilio de sus abuelos? Probablemente sean los nietos, si existen y tienen a bien acudir a estar con sus abuelos, los más interesados en el funcionamiento del invento, como si de un juego más se tratase. Quizás este invento atraiga a los nietos a visitar a sus abuelos con mayor frecuencia. Tendrán estos quizás el juguete que les faltaba.

Por ahora, no parecen merecer interés los tonos que emplearán en el trato con sus partenaires: meloso, de colega, robótico, autoritario, mandón o firme, concesivo o sugeridor…; o todos ellos, en razón de cuál sea la tarea que se vaya a desempeñar o el carácter del usuario o usuaria.

No ofrecen algo tan importante como el entretenimiento con momentos eróticos para voluntariamente poder alegrar la existencia de los mayores. Pero todo esto se andará, que solo es cuestión de echar mano de ingenieros que lo programen a gusto del consumidor, previo pago, claro está.

Mientras estas y otras respuestas a la soledad de los mayores avanzan en el mundo de la industria aplicada, alientan medidas de refugio de los abuelos en gentes de culturas en las que la dedicación del tiempo a las personas y a la presencia y la palabra compartidas, particularmente a los sabios de la tribu, sigue siendo reverencial.

19. ¿Puede darme un poco de sal?

Juanfran es un joven informático, experto en tratamiento de datos, casado con una norteafricana, padre de una niña de tres años y empleado en una multinacional del sector de las comunicaciones. Nació y se crió en un pueblo pequeño, acostumbrado a una relación cercana con los vecinos, hasta que tuvo que mudarse a la ciudad para estudiar, donde posteriormente ejerció su profesión. Siempre le acompañó en la vida el regusto de ser de pueblo: sentimiento de libertad y trato cercano con la gente. La vida en la ciudad le proporcionaba el desempeño de su profesión y ciertas ventajas en prestaciones sociales, sanitarias, educativas y de ocio, pero le reventaba la relación escasa del vecindario del «hola y adiós».

Siempre creyeron Juanfran y Fátima que, así como la televisión e internet han logrado hacer del aldeano un ciudadano del mundo, sin salir de casa, por qué no habrían de hacer internet y las redes sociales el milagro de convertir la ciudad en una aldea, empezando por la casa donde uno vive. Estos fueron los principios que guiaron la idea de Juanfran. Se puso manos a la obra y empezó por colgar un tuit invitando a conocerse entre ellos los vecinos de la casa y también los de la calle.

Muchos fueron los que respondieron a la invitación de Juanfran, primero vía tuit, hasta que la iniciativa fue tomando cuerpo y fue siendo necesario quedar en el portal de la casa. Poco tardó en desvanecerse el hielo del entrecruce de sentimientos de sorpresa, de expectación y a la vez de cautela. Juanfran tuvo que explicar lo que se había propuesto con la iniciativa, lo cual, por otra parte, todo el mundo aplaudió. Algunos vecinos excusaron la asistencia por obligaciones o compromisos contraídos con antelación a la cita, pero expresaron su adhesión incondicional a la «quedada».

Así fue como Juanfran se vio en la obligación de tener que justificar la iniciativa. Como hombre que era de pocas palabras, en su breve intervención, por momentos entrecortada por lo que le imponía la situación, empezó diciendo: «Pues, nada, que hace unos días se me ocurrió enviar el tuit que ya todos conocéis, y aquí estamos para conocernos un poco más».

Las caras de los que escuchaban revelaban bien el deseo contenido de todos de descubrimiento y de curiosidad por ver hasta dónde podía llegar aquello. No faltaban gestos reticentes ante la llamada.

Juanfran interpretaba favorablemente la buena acogida de su iniciativa, a juzgar por las caras de asentimiento y de regocijo de sus vecinos. A la vez, no quería ser impulsor único. Envalentonado para la ocasión, tuvo que desentrañar sus pensamientos y alentó a sus convecinos a intercambiar fragmentos de su vida de lo que hasta el momento era el espacio privado de cada quien, guardado con extremado celo.

No le faltaron referencias a la importancia de ser alguien donde uno vive, a tener vida con otros, además de la propia, para salir del aislamiento anodino autoimpuesto por las maneras de vivir que dicta el anonimato de la gran ciudad. Además de ayudarse con la sal de urgencia, destacó la importancia de dedicarse tiempos para intercambiar y para poner vida a la calle y al barrio, así como de entregar su compañía a otros para construir realidades de vida, más allá de la parcela y del territorio de cada quien.

Pronto los vecinos más locuaces tomaron la palabra para agradecer a Juanfran la idea que les había hecho acudir a la primera reunión en el portal. Había que ver las caras de alegría y de sorpresa, en esa mezcla que se produce en acontecimientos inesperados de esta índole. Las identidades de quienes intervenían iban recobrando vida; ya no eran «la del tercero», «la gorda del segundo», «el pesado del quinto», «el quinqui del sexto derecha», «la hippy del primero be», etc. Los personajes, como si de una obra de teatro se tratase, empezaban a tener vida real: sentimientos, concepciones, proyectos de vida, etcétera.

Las ilusiones desveladas fueron empujando con insistencia hasta hacer necesarias reuniones o quedadas más frecuentes, en lugares de mayor aforo, y se hubo de recurrir a la casa de la cultura, a la biblioteca municipal de la calle de al lado, e incluso algún encuentro tuvo lugar en el salón parroquial de la iglesia del barrio.

De las muchas iniciativas que se organizaron, pronto cuajaron las salidas a andar por la ciudad, a echar la partida en los bares de la calle o a juntar a los niños para conocerse, jugar e intercambiar juegos, cuentos, vídeos, programas informáticos, direcciones de internet, etc.

En el intento de concretar las responsabilidades correspondientes a cada actividad, un vecino se ofreció para contar cuentos, otro para hacer un taller de cocina, otra vecina propuso llevar a los niños a hacer excursiones guiadas para conocer la ciudad. Alguien propuso quedar los domingos a mediodía para ir de vinos por el barrio. De allí surgió también la idea de juntarse para compartir información y realizar salidas al cine, al teatro, a museos, a charlas y conferencias, etc. Aquello era lo más parecido a un hervidero de ideas: eran borbotones de vida, sofocados durante tanto tiempo, que afloraban con fruición, animados por la novedad.

La casualidad quiso que una tarde de otoño en un encuentro en la casa de la cultura coincidiesen, entre los muchos asistentes, Maite, Víctor, Juanjo y Arancha, residentes todos en la calle del convocante. Sus intereses por la ciudad les llevaron a perfilar un paseo urbano, para el que ellos mismos se erigieron en cualificados cicerones espontáneos. Se trataba respectivamente de una profesora de literatura, de un restaurador de obras de arte, de un técnico municipal de urbanismo y de la encargada

de un restaurante en la esquina de la calle que hace cha-
flán con una plaza principal de la ciudad.

Los cuatro aceptaron organizar la salida. Maite, Víctor
y Juanjo realizarían la visita turística propiamente dicha,
alternando los comentarios propios del saber de cada uno,
mientras Arancha correría con la parte culinaria de la salida: una cata de vinos en locales de la zona y unos sencillos
aperitivos que pusieran el cierre al paseo. Los asistentes
agradecieron la feliz coincidencia como el mejor de los
regalos.

Pero no queda ahí la cosa: una pareja de jazzeros, fans a
tope de Miles Davis, Charly Parker, Bill Evans y B. B. King,
entre otros, ofrecieron a los vecinos la posibilidad de formar parte del club de jazz al que pertenecían. Había allí
un ambiente atractivo y una calidad de sonido excelente,
lo que proporcionaba una experiencia muy agradable para
quienes acudían a cenar o solo a escuchar música. El fondo
discográfico, la consulta de publicaciones especializadas,
los conciertos a los que asistían en el Café Central y las
jam sessions que organizaban contribuían a estrechar las
relaciones de los miembros del club y de todos los asistentes del barrio.

Ningún otro asunto parecía preocupar más a los vecinos que estas salidas de paseo por su ciudad. Estaba
convocado todo el vecindario. El boca a boca en los bares, en la frutería, en la pescadería, en la carnicería y en
el ambulatorio se encargaba de difundir los anuncios de
Twitter. Además, eran frecuentes las conversaciones, y no
faltaban anuncios en portales y tiendas sobre el aconte-

cimiento invitando a lo que dio en llamarse «vivamos el barrio», al estilo del *social street*, como lo han bautizado los estudiosos de estos fenómenos sociales en el mundo civilizado actual.

Los vecinos no dejaban de sorprenderse al comprobar las ganancias de abrirse a los demás. Ahora los planes del fin de semana no consistían solo en pensar adónde ir fuera de la ciudad, sino qué hacer y cómo en el barrio.

¡Y pensar que todo esto se originó por el alma pueblerina de Juanfran y de Fátima, guiados por el deseo de que su hija tuviese una crianza más libre!

Cuentan en la ciudad que la idea persiste, que tiene fuerza aún, con los altibajos propios de las circunstancias, y que los vecinos se aferran a ella como causa importante para vivir.

20. Morfeo en días de covid-19

Esta noche Morfeo no tuvo a bien envolverme entre sus alas y llevarme al baile de los sueños. Me pilló enredado con pruebas médicas en el hospital para atajar una neumonía bilateral leve provocada por la covid-19.

Rondó mi habitación con sus alas veloces que se agitan sin ruido y transportan en un instante a los confines de la Tierra. Pero no, no merecí su compañía. Los cuidados para curarme requerían tiempos y disposición de paciente, y no dejaban lugar al sueño.

La noche en vela me dejó dándole vueltas a comportamientos que parecían oponer contagios, hospitalizaciones, ocupación de camas UCI por enfermos de covid-19 y muertes, por un lado, y empleo y ayudas sociales de todo tipo, por otro. Las preguntas se agolpaban en mi cabeza; entretanto, los sanitarios me aplicaban las pruebas propias del protocolo que la ocasión requería. En medio de tanto devaneo, se colaban las fiestas y macrofiestas como desafío frontal e irresponsable a la muerte, a la ruina y al caos económico.

Del espectáculo del Congreso de los Diputados, poco cabe añadir, sino que la ciudadanía no encuentra la manera de digerir la obscenidad que supone el hecho de no poder ver a los representantes de la nación caminando todos a una, ante problemas gravísimos relativos a la sanidad pública y a la recuperación económica, así como a la gestión de estos.

Las fiestas en viviendas particulares, en locales y en naves industriales abandonadas, desconsiderando las normas de salud de todos, me martilleaban machaconamente la cabeza por la provocación directa a la responsabilidad cívica a que apelaban permanentemente las autoridades sanitarias. La pregunta sencilla era: cómo puede ser que cueste tanto a algunos privarse de su ego y de sus placeres personales, durante un tiempo, en pro de la salud pública de manera que no contribuya a propagar los contagios, a la par que favorezca que se pueda trabajar, y con ello crear la riqueza necesaria que exige la organización socioeconómica de un país.

Otras interrogaciones más se iban concatenando en esta locura de difícil explicación: ¿cómo es posible ignorar la admiración social conseguida por los sanitarios y por todos los imprescindibles de la sociedad, ante tanta muerte, tanto dolor y tamaño coste social? ¿A tal punto llega la mirada chata y corta de esta gente irresponsable, que no es capaz de ver que pertenecen a una sociedad que les otorga y les ha proporcionado, a lo largo de su vida (desde antes de nacer, incluso), bienes públicos de los que disfrutan?

Qué fácil les resulta entender a quienes han sido infectados, en sus diferentes grados, incluidos los familiares de los fallecidos, que el esfuerzo que se pide es una responsabilidad cívica para todos los ciudadanos; que la petición supone ahorrar dolor, sufrimiento y muerte; también recuperación económica para seguir creando riqueza y prosperidad para el país, porque la pandemia ha tirado por los suelos la recuperación laboral que se venía dando desde la crisis del 2008.

Pues no. Estos personajes no lo entienden; se niegan a aceptar que vivir en sociedad es organizar las voluntades de todos, con los recursos y capacidades de que se dispone. No saben ver que hay muchas personas que han demostrado suficientemente que son necesarios para el funcionamiento de los servicios básicos de una sociedad y que incluso arriesgan su propia salud por el bien común. No lo ven. No les mueve el corazón, presas como son de sus caprichos y su derecho a ser feliz a toda costa. En su permanente orgía del deseo, hacen oídos sordos a quienes les recuerdan la obligatoriedad de las normas dadas por las autoridades sanitarias.

La sociedad, ante tal espectáculo, increpa a estos individuos, a la vez que se pregunta a cuántos de estos descerebrados estaremos subvencionando entre todos su ERTE, ERE, paro, salario social o renta mínima de inserción, sus becas y otras ayudas que contribuyan, en lo posible, al bienestar social y a la vida digna que todos merecemos (ellos también); además, claro está, de la sanidad pública universal, de la que echarán mano cuando la precisen, en cualquier momento de su vida.

De regreso a su destino, Morfeo quiso congraciarme con un paseo, justo antes de las primeras luces del amanecer, al que se llevó también a los ángeles de la salud, al finalizar su turno de noche.

21. Árboles de Navidad

Circulan estos días, junto con los buenos deseos de paz y de prosperidad para el año nuevo, un sinfín de árboles navideños. Se apela a sus poderes mágicos y benéficos de fecundidad, crecimiento y sabiduría para pedir deseos propios y ajenos. De su ramaje se hacen colgar mensajes con palabras e imágenes alusivas a los intereses de las instituciones patrocinadoras.

Así sucede que banqueros, financieros y grandes empresarios decoran su árbol con palabras de crecimiento y recuperación; riesgos y deuda; mercado y cartera de clientes; ampliación y rentabilidad; futuro, proyectos y financiación; movimientos de capitales e inversiones; empleados, seguridad social y hacienda. Este es el árbol de los intereses, al que adoran.

Los árboles sociales de hospitales, colegios, centros de día y de dependencia, ONG, bancos de alimentos, colas del hambre, residencias de mayores, cárceles y demás adornan sus deseos con solicitudes de equidad y de justicia, de leyes y derechos, de atención y soluciones para los problemas diarios, en medio del retumbar de voces que provocan en sus corazones sus largos silencios. Su árbol de la esperanza son los presupuestos públicos que se destinan a la causa y los gestos de humanidad para quienes viajan en el vagón de cola en el que les han situado los reveses de la vida.

En las ramas de los de las familias cuelgan ropas, escobas, fregonas, aspiradoras y trapos para quitar el polvo; listas de la compra; cucharas, cazuelas y tenedores; biberones y pañales; pizarras donde se anuncia, se advierte y se notifica, se organiza y se apela a responsabilidades compartidas, del tipo de: «La cena, a las 9:00», «Comprad el pan», «Ordena tu habitación, hijo», «Tiende la ropa de la lavadora, papá», «Acompaña al abuelo al médico» y el largo etcétera del día a día. A este árbol siempre le faltan ramas.

El ocio y el entretenimiento (gimnasio, SPA, piscina y centros deportivos) exhiben en su árbol figuras atléticas de ellas y de ellos. No suelen faltar abuelos y abuelas esbeltos, juveniles y alegres, haciendo gala de los atributos del árbol de la vida y del cuerpo, para estimular el esfuerzo y la salud. Prendas deportivas y calzados varios, junto con máquinas y músicas para estimular el esfuerzo y garantizar la salud figuran entre las decoraciones principales. Es el árbol del reto.

Comerciantes del barrio, mercados, mercadillos, supermercados, hipermercados y grandes superficies congregan las secciones, las tiendas, los estantes y los rincones para formar su árbol, con profusión de corderos, terneras, cerdos y vacas; pescados y mariscos variados; vinos, espumosos y licores; turrones, pastas y dulces; y regalos de todo tipo, entre los que nunca faltan frascos de colonia, equipos informáticos, ropas, y bromas. Es el árbol de la abundancia.

Los sintecho, vagabundos y trotacaminos adoran al aligustre común, arbusto por excelencia de parques y jardines; de él cuelgan al sol con frecuencia prendas de interior, calcetines y camisas recién lavadas en fuentes cercanas. Son asimismo murallas contra el frío y el viento, por las noches. Recuerdan en esto a la Virgen, que también tendía los pañales en el romero, y a la Sagrada Familia, eternos peregrinos a la tierra de promisión. Todos ellos forman el árbol de la necesidad.

Quienes huyen de las guerras, las miserias y la muerte, en busca de un mundo mejor, en paz, que sortean verjas, vallas, muros, fronteras y mares para alcanzar sus sueños ponen en estas fechas en su árbol deseos de pan, trabajo y libertad. Juntos forman el árbol del refugio y del asilo, de la siempre difícil solidaridad entre pueblos y naciones.

Gays, lesbianas, bisexuales y transexuales llevan a su árbol las diferencias y los derechos y, en su empeño por marcar maneras de vivir distintas, lo adornan con el arcoiris y con cintas multicolores. Representan el árbol de la diversidad, por el que luchan con denuedo.

Y, cómo no, el árbol de los políticos suele lucir una decoración especial, con palabras bien destacadas sobre diálogo, negociación, acuerdos y pacto; palabras que se creía en desuso, pero que vuelven a formar parte de la nueva etapa de hacer política —se dice—. ¡Cómo si eso no fuese precisamente la esencia de cómo gestionar los asuntos de todos! Este es el árbol que, con demasiada frecuencia, se anda por las ramas y cuyas hojas de la inmediatez y el voto no siempre dejan ver el bosque de la humanidad.

Naturalmente, no faltan árboles diseñados por profesores, personal sanitario, servidores del orden, bomberos, herreros, carpinteros, agricultores, dibujantes, diseñadores gráficos, informáticos, ingenieros e ingeniosos varios, en que cada quien tiene ocasión de expresar sus deseos y pensamientos para las festividades navideñas y para pedir al año nuevo aquello que le falta y que más quiere.

Confiemos en que la retirada de los árboles, una vez hayan pasado los Reyes Magos, venidos del Oriente de Siria y de Irak, no deje en el olvido el rincón que ocuparon ni la causa por la que se erigieron.

22. ¿Qué nos llevamos?

Domingo, 19 de septiembre de 2021, tres y doce minutos de la tarde, hora local. El volcán de Cumbre Vieja, de la isla canaria de La Palma, empieza a erupcionar, por diferentes bocas. Ya venía avisando con miles de temblores más o menos leves que registraban los sismógrafos, algunos de los cuales se habían hecho sentir por la población. Los expertos pronosticaron también que habría una reactivación volcánica, sin precisar ni cuándo, ni cómo, ni exactamente dónde. A la hora fatídica del día indicado se declara el peligro en la isla bonita.

La lava alerta a la gente, que huye despavorida a lugares seguros dispuestos por las autoridades municipales. Con el transcurrir de las horas y de los días, la colada que desciende por la ladera del volcán va avanzando y tragando cuanto se le pone por medio: sepulta carreteras, estropea o anula cosechas, y engulle cuanto encuentra a su paso. Técnicos y autoridades se afanan en perimetrar la zona de riesgo e intentan canalizar, hasta donde pueden, el barranco por el que conducir el descenso del río de lava, camino del mar, con el fin de ocasionar el menor perjuicio posible.

Las familias, con gran angustia, incertidumbre y resignación, acuden a un polideportivo a recoger comida y ropa, preocupados por sus hogares y por sus negocios. Pasan el día siguiendo el comportamiento del volcán (rugidos, explosiones y expulsiones), así como la trayectoria de la lava, que les permita valorar con sus propios ojos la distancia del peligro respecto de sus casas y de sus propiedades.

Las viviendas en peligro inminente de ser alcanzadas por la lava reciben la presencia de las autoridades para notificarles que han de desalojar sus casas; les conceden un tiempo mínimo (quince minutos), de manera que puedan llevar consigo cuanto juzguen imprescindible para reemprender su vida en otra casa. Muchos contemplan con rabia e impotencia cómo se desvanecen sus sueños acariciados durante toda la vida: allí nacieron, crecieron y ven cómo el río de lava sepulta su hogar y sus raíces, su infancia y su entorno, su trayectoria vital y sus pertenencias, en un santiamén, sin que nada pueda hacerse para impedirlo.

No les queda más remedio que decidir sobre la marcha qué es imprescindible para continuar en otro hogar. A la salida se les ve con papeles de las propiedades, de seguros, titulaciones, etc.; medicinas, equipos informáticos donde guardan buena parte de su memoria, ropas que van a necesitar, álbumes de fotos que atestiguan los recuerdos almacenados a lo largo de la vida, recuerdos de los viajes realizados por el mundo, elementos de colecciones de objetos varios. Porque si perdemos la casa, lo perdemos todo, como decía con amargura un afectado entrevistado por TVE.

Bea, entre lloros y sollozos, acompañó a sus padres al interior de su casa, cuando las autoridades lo dispusieron. Quería llevarse todo de su habitación: su cama, sus ropas de cama, sus vestidos, sus muñecos y todos sus juguetes, los dibujos hechos en clase, que guardaba con esmero. Sus padres le gritaban que se diese prisa, que tenían poco tiempo para abandonar la casa. Que eligiese aquello que fuese de mayor interés para ella. «Es que es injusto que nos pase esto a nosotros», reprochaba la niña a voz en grito, con lágrimas de rabia envueltas con mocos. No hay derecho. Veía derrumbarse sin razón el confort con que vivía.

Juan, su hermano, estaba tan nervioso y tan contrariado que decidió no volver a la casa. Lo daba todo por perdido. La rabia le paralizó y, a pesar de que sus padres y su hermana le animaban, prefirió quedarse ensimismado en sus pensamientos de impotencia y de contrariedad. No disponían de tiempo para convencerle. Aceptaron sin más. El joven no dejaba de mirar las explosiones y de escuchar los rugidos del volcán, que interpretaba como los gritos desgarradores del enemigo en una guerra que nadie declaró. No lograba quitarse de la cabeza aquello que tantas veces había escuchado a sus abuelos y a sus profesores de Ciencias Naturales: contra las fuerzas de la naturaleza, poco se puede hacer.

No tardaron en regresar sus padres, envueltos en fardos enormes que contenían de forma desordenada documentos, materiales y algunos enseres, junto a las pertenencias de sus hijos. Los guardias amablemente se prestaron a echarles una mano, como si se encontrasen en la retirada de una batalla perdida, llenos de polvo de ceniza, de sudor y de lágrimas, mediante los que mostraban la rabia y la impotencia de todo lo que perdían y de la incertidumbre de no saber adónde irían a parar para asentar los nuevos cimientos de su vida familiar.

La furia del volcán sigue escupiendo y rugiendo; sus cenizas se extienden en kilómetros a la redonda. Se abren nuevas bocas eruptivas y continúa sangrando la herida profunda en el costado de la isla bonita, lo que vuelve a recordar a sus habitantes que no han de perder la costumbre de convivir con los volcanes. Los científicos no se atreven a pronosticar el final de este desastre inmerecido.

23. El niño de todo el pueblo

Esther y Juampe son padres de acogida temporal de un niño de tres meses y veinte días en un pueblecito castellano, desde vísperas de la Navidad. El día de Reyes se presenta en su casa una vecina del pueblo a preguntar si puede hacer un regalito al niño.

—Sí, sí. Claro. Faltaría más —le responde la madre de acogida.

—Pues aquí te traigo un pijamita. Es tan rico el niño…y es tan meritoria vuestra labor que no puedo por menos que venir a reconocerla.

Cuando se despiden, le comenta Esther a su marido, toda contenta: «¿Qué te parece el detalle que ha tenido Juana Mary, ha venido a preguntar si podía hacer un regalo de Reyes al niño, y me ha dicho que es una obra de humanidad importante. La verdad es que me ha sorprendido, e incluso me ha emocionado. No me lo esperaba, y me ha parecido muy bien». El marido asiente con cierta socarronería.

Otros detalles vinieron después, por parte de otros vecinos. Algunos se ofrecen a prestarles la cuna de su niña o de su niño; otros directamente les llevan ropitas crecederas, etc. Esto les hizo creer a los padres que, como dicen en su entorno familiar y de amistades, es el niño de todo el pueblo.

Los padres adoptivos temporales estaban felices con la crianza de este bebé. «Es muy bueno, duerme bien y no da ninguna guerra», decían una y otra vez a quienes se interesaban por él. Lo acogieron muy gustosos desde nada más nacer, de manera temporal, debido al rechazo de su madre biológica. Supieron de la situación dramática por la que debió pasar esta madre cuando dijo insistentemente al personal sanitario que la acompañó en el paritorio, antes y después de parir: «No quiero verlo».

Todo salió bien. La madre no quiso tocar ni acariciar a su hijo, ni darle el pecho, a pesar de la invitación del personal sanitario.

Al día siguiente, la trabajadora social ofrece a la madre dejar en un sobre todo aquello que desee para que, debidamente custodiado, quede a disposición de su hijo, por si el día de mañana estima de interés conocer sus orígenes. La madre decide escribirle unas letras en un sobre, que queda cerrado, y le dice a la trabajadora social que su mayor deseo es que el niño sea feliz y que le quieran mucho, sabedora de que, por ahora, quedaba en buenas manos.

En un momento de desahogo, la madre le cuenta a la trabajadora social que había llevado el embarazo, su drama particular, en silencio; sentía la incomprensión y el rechazo de su familia: embarazo no deseado, con un hombre al que apenas conocía.

Antes de abandonar el hospital, accede a despedirse a solas de su hijo; nadie fue testigo de las palabras que le pudo decir en un momento tan desgarrador. La escena duró poco más de un minuto. Salió de la sala y se marchó a la calle, como si de cumplimentar un trámite se hubiera tratado. Siguió su vida como si tal cosa. Otros dos hijos la esperaban en casa.

Al no producirse el derecho de retractación, el bebé queda registrado como huérfano, e inmediatamente se inicia el procedimiento de acogida por parte de los Servicios Sociales. La puesta en común de tres historias (madre y padre de acogida, y bebé) en el caso de familias adoptantes, en las que el bebé huérfano es el centro de todas las atenciones, merece una evaluación de idoneidad exhaustiva y compleja. Es un camino largo y difícil que no siempre sale bien.

Esta vez los Servicios Sociales no dudaron lo más mínimo de que la función de madre y padre adoptantes temporales lo desempeñarían como nadie Esther y Juampe. Empiezan por aceptar el nombre que le habían asignado transitoriamente en el servicio de neonatología del hospital. El niño seguiría llamándose Vasile.

A pesar de que Esther y Juampe estaban advertidos y perfectamente documentados de que el derecho de la madre natural prevalecería durante un tiempo por encima de cualquier otra circunstancia, ellos actuaban como si la criatura fuese a permanecer en la casa de por vida. Tan pronto como se lo indicaron los Servicios Sociales de la comarca, ellos mismos propiciaron verse con la madre biológica, con Nicoleta —el padre había desaparecido, se fue a su país—, en el punto de encuentro establecido al efecto.

A los encuentros mantenidos hasta la fecha acudieron los padres de adopción con el bebé y la madre natural, acompañada de sus otros dos hijos — de dos y cuatro años, respectivamente—. Esther y Juampe procuraban, en estos casos, posponer la toma de biberón y el cambio del pañal, a fin de que la madre biológica tuviese la oportunidad de sentir el contacto maternal. La primera vez, el encuentro fue para Nicoleta un incesante llorar y llorar, a la vez que no paraba de agradecer a los padres temporales que hubieran acogido a su hijo y que lo cuidasen con tanto cariño.

Al término de la visita, a los unos y a los otros se les rompía el corazón ante escenas tan humanas, revestidas del dramatismo que supone la lucha entre el instinto materno y unas circunstancias de vida tan adversas. Los hermanos, a pesar de que los adultos les insistían una y otra vez en que era hermanito suyo, contemplaban la escena con el escepticismo que les producía no haber convivido con este nuevo miembro de la familia, y también con la pena que les producían los lloros y sollozos que veían a su madre.

Vienen al caso las palabras del poeta inglés Shelley cuando dice:

Su voz tembló al separarnos,
aún no sabía yo que su corazón se había roto
y me alejé
sin oír las palabras que había dicho.
Miseria, oh, miseria, el mundo es demasiado grande para ti.

Los padres de adopción se empeñaban en hacer ver a la madre biológica que lo importante de toda esta situación era el niño, su salud y su bienestar. Insistían continuamente en que la madre era ella y que no hacían sino colaborar con ella. Eso sí, sucediera lo que sucediese en el futuro inmediato, de ningún modo querían perder el contacto, por el cariño que le habían cogido al bebé y su implicación en la vida de este ser humano.

El tiempo de crianza transcurrido y la circunstancia complicada que vivía Nicoleta —otros dos hijos, marido fugado a su país, todos ellos residentes en la casa de su padrastro e inscritos los adultos en la oficina del paro— no hacían presagiar un ambiente cómodo para esta criatura recién venida al mundo.

A medida que Juampe y Esther fueron conociendo la realidad de Nicoleta, iba creciendo en ellos la preocupación por el niño y por su familia. Ellos le concedían el mismo cariño y los mismos cuidados que en su día tuvieron con sus dos hijas, hoy mujeres casaderas.

Enseguida Esther empezó a tratar a Nicoleta como a una hija más — tenía la edad intermedia de sus dos hijas—. Durante las visitas que iban teniendo le daban consejos y confianza para que se sintiese segura y libre ante la decisión que tomase respecto de su hijo. Juampe y Esther tenían claro que lo que estaba en juego principalmente era contribuir a la mejor solución para la vida y el futuro de Vasile, aun a riesgo de que la madre biológica, en atención a su derecho, reclamase al niño. Esto era para ellos el principio humano que guiaba todas sus acciones.

Juampe y Esther llegaron a plantear a su hija mayor la posibilidad de que fuese ella quien se hiciese cargo de Vasile. No dejaban de pensar en el desarrollo biológico y psicológico del niño, a la vez que en su propia vejez. No consideraban que fuese la mejor solución para los tres el hecho de que continuase el bebé mucho tiempo con ellos. Aceptaban de buen grado ayudar a su hija mayor en este viaje definitivo, en caso de que aceptase, siempre que Nicoleta renunciase a la maternidad de su hijo. Ello supondría que ellos pasarían a ser abuelos de adopción.

Carmina, hija de Juampe y Esther, contagiada por la ilusión y la entrega de sus padres, tras haber recibido la (in)formación correspondiente por parte de los Servicios Sociales comarcales y ser considerada adoptante idónea por su medio familiar propicio, se propone como familia monoparental adoptiva de Vasile. Conocía bien al niño y era perfectamente consciente de sus obligaciones prea-doptivas y postadoptivas, entre las que está el derecho del niño a conocer sus orígenes biológicos.

El temple, el compromiso y la generosidad de Esther fueron consiguiendo fortalecer mental y emocionalmente a Nicola, de manera que, poco a poco, se le iba notando que aceptaba la crianza de sus hijos en el domicilio actual, así como que, también de momento, su hijo Vasile seguiría creciendo alegre en su familia de adopción. Llegaron al acuerdo de verse periódicamente la madre biológica, los tres hermanos, la madre de adopción y los abuelos adoptivos. Unos y otros veían crecer a Vasile sano y alegre, y albergaban la esperanza de que el tiempo fuese quien decidiera el futuro del niño. Mientras tanto consiguieron ser, a su manera, una familia más.

Las ayudas de la familia de adopción y los Servicios Sociales comarcales contribuyeron a que la madre consiguiese un trabajo en una residencia de ancianos, lo que, a su vez, le posibilitó alquilar un piso. La nueva situación animó a Nicoleta a reclamar a su hijo Vasile. Los padres adoptivos tuvieron sentimientos encontrados: alegría por que el niño volviese con su madre, tristeza por el cariño que le habían cogido durante los cinco meses que había convivido con ellos. Sin duda, fue la alegría la que dominó en la nueva situación.

La madre biológica se deshacía en agradecimientos y accede gustosa a que Ester y Juampe acudan a ver al niño y a toda la familia, de la que cada vez se sentían más partícipes. Nicoleta aprovecha esta nueva situación para anunciar a los padres adoptivos su deseo de bautizar al niño en el pueblo de ellos y les ofrece ser padrinos del bautizo. Estos se encargan de hacer las gestiones con el cura del pueblo y asumen los preparativos.

La hija mayor de la familia de adopción ofrece a Nicoleta formar parte de su grupo de amigos del pueblo para que tenga la oportunidad de relacionarse con gente de su edad y en otros ambientes; mientras, los niños, sus tres hijos, estarían al cuidado de los «abuelos». Todavía más: Carmina ofrece a la madre y a los tres hijos ir en verano con ella a pasar unos días de playa.

Nicoleta no dejaba de reconocer la enorme suerte que había tenido con esta familia de adopción temporal, de quienes recibía ayudas y cariño permanentemente. No encontraba palabras para reconocer la suerte inmensa que le acompañaba en un trance tan importante como el que le había tocado vivir.

24. Abanico y manta

—Si ya lo venían diciendo nuestros abuelos —comentaban Nico y Tere en sus grupos de amigos respectivos—. No puede ser que derrochemos tanto.

La situación actual sobre el ahorro de energía les hacía encontrar sentido a las batallitas que tantas veces les habían contado sus abuelos cuando eran niños, e incluso mozos, en lo referente al consumo de agua, y de leña y carbón; de cómo se abrigaban y gastaban lo necesario, y no más. En verano, madrugaban, con la salida del sol, para hacer las tareas y, cuando el sol perdía fuerza, continuaban con las faenas. Oscurecían la casa para protegerse del calor. La construcción de la vivienda, de piedra y adobe, con techos bajos, mantenía el frescor en verano, y era más fácil de calentar en invierno.

—Si no hay nada que inventar: ya lo hacían los romanos y los árabes, y antes que ellos también —sentenciaba el abuelo. Y añadía—: si es que ahora, en las casas que hacen nuevas, las paredes parecen de papel de fumar. Das un puñetazo y se caen. Así no puede ser que se aíslen las viviendas. Por eso hay que gastar tanto gas o electricidad para calentarlas y para refrescarlas.

La abuela ilustraba cómo se abastecían de agua las casas para la higiene personal y familiar, así como para el consumo doméstico, y cómo recurrían a lo necesario.

—Es verdad —decía— que llovía y nevaba más que ahora. No se conocía eso de ahorrar agua; y de restricciones, menos todavía. Veo yo que ahora se conciencia a la gente desde bien pronto en estas cosas de la naturaleza, en el consumo austero y demás, pero también observo entre mis nietos y parientes que se derrocha agua con tanta ducha y con tanta higiene personal; ¡hasta parece que se van a desgastar cuando una ve cómo se duchan! Es que la vida ha cambiado tanto... —sentencia entre extrañeza y añoranza.

—Antes buscábamos la sombra, nos abanicábamos los días de mucho calor y nos vestíamos como es debido, y hasta nos echábamos una manta más si era preciso —apostillaba el abuelo—. Aguantábamos más los rigores y las inclemencias. Yo ahora veo que enseguida se arruga la gente. En cuanto empiezan los primeros fríos, van encogidos como si fuese una desgracia que hay que evitar. No saben que eso es bueno para la naturaleza y para el campo. Pierden de vista que es el ciclo de la vida y tiene que ser así. Y eso no es malo. Por eso se dice desde antiguamente, cuando hace mucho frío, que el tiempo que hace a su tiempo es buen tiempo. Lo que hay que hacer es abrigarse —concluye el abuelo—, y punto.

Tere comentaba a sus amigos que a sus abuelos les rompe la cabeza ver tanto incendio como se ve en la tele, originados por desalmados o imprudentes; no conciben que los ríos que conocen de toda la vida bajen secos, ni que las temperaturas de este verano estén siendo tan exageradas. Nunca habían vivido nada parecido. Les cuesta ver cómo las fuentes del campo se han ido secando en su mayoría desde hace años. Pero «esto ya parece más serio y cada vez va a más», decían los abuelos.

—Es verdad que el tiempo está loco, que está cambiando: hace más calor en verano y le cuesta nevar en invierno —decía el abuelo—. Ni llueve, ni hiela, ni nieva como lo hacía antes. Es más —continuaba el abuelo—, los calores excesivos de este verano han ocasionado una compra compulsiva de hielo; es algo parecido a lo que sucedió con el papel higiénico, al comienzo de la pandemia de la covid-19, en marzo de 2020. ¿Estamos locos o qué pasa?

—A todo esto, por si fuera poco, se suma la guerra de Ucrania —añadía la abuela—. Ya se sabe que cada guerra tiene sus batallas —explicaba—. La de Ucrania, que no ha sido un paseo militar como calculaba Putin, está desplegando, en una y otra parte, todas las barbaridades posibles para doblegar al enemigo y conseguir una paz favorable, al entender de cada uno de los contendientes. Parece que se reproduce la guerra fría entre los dos bloques de antaño: Estados Unidos y Rusia enfrentados, cada uno con sus aliados, y con los ucranianos en medio, como principales víctimas. Desde finales de la primavera y durante todo el verano —insistía la abuela—, Europa viene preparando un plan de ahorro energético ante el riesgo de desabastecimiento que puede suponer si Rusia cierra el grifo del gas. Esta es una de las principales batallas que Putin prevé llevar a cabo contra los aliados europeos de Kiev, durante el frío invierno en el norte de Europa. Con esto Rusia, digo yo —continuaba la abuela—, debe de pretender forzar que Europa presione para buscar un acuerdo de paz.

—Este plan de los países miembros de la Comunidad Europea —les explicaba Nico a sus abuelos— pretende conseguir la autonomía europea en la producción de energía frente a Putin, a la vez que busca allanar el camino para el cumplimiento de los objetivos climáticos que deberán presentar a Bruselas. Entre otros supuestos, el plan establece la temperatura de los aparatos de frío para el verano en un mínimo de veintisiete grados y de diecinueve para el calor del invierno, así como apagar las luces de los escaparates a las diez de la noche. Contempla, por supuesto, la casuística propia de la diversidad de casos que se dan en la vida social, laboral y económica.

En el caso particular de España —continuaba diciendo Tere—, el plan español de ahorro de energía considera que el gobierno tiene que pagarla muy cara en los mercados internacionales, ante una inflación desbocada. Según los cálculos del gobierno, cada grado menos en el termostato de las calefacciones supone un ahorro del 7 % en el consumo del gas. De momento, deja fuera de regulación el uso del gas en hogares e industrias, pero, ya se sabe, serán los precios de los combustibles, como casi siempre sucede, los que terminen ajustando el cinturón en el consumo doméstico e industrial. No deja de ser curioso que, hasta hace pocos días, los comercios, por recomendación de las normas sanitarias de la covid-19, dejaban las puertas abiertas de par en par para ventilar y así evitar contagios; y ahora, estos mismos locales tendrán que mantenerlas bien cerraditas para no desperdiciar la energía.

»En cualquier caso, han tenido que ser la invasión de Ucrania, las altas temperaturas veraniegas, la sequía y los incendios abundantes los que hayan suscitado la preocupación por el clima, por el uso del agua, por la prevención de los incendios y por el ahorro de las energías que consumimos, debido a las consecuencias que ello viene acarreando desde hace tiempo.

»En definitiva, la vuelta a hábitos del pasado como solución a problemas de hoy produce un guirigay considerable de opiniones que reflejan el apego a la situación de confort a la que mucha gente parece no estar dispuesta a renunciar. Algunas medidas pueden ser: no estar en invierno en casa en camiseta de tirantes; o, en verano, tener el aire acondicionado a una temperatura que contraste brutalmente con la temperatura exterior; gestionar el agua, interesarse por la naturaleza y la limpieza de los montes y de los ríos; en definitiva, conceder importancia principal a lo mucho que nos jugamos para poder vivir de forma sana. Porque a veces el progreso consiste en ir para atrás, en recuperar maneras y costumbres que no derrochen recursos y que ahorren en un contexto de incertidumbre sin precedentes en el que importen las personas.

25. El más allá de los ricos

Otra vez lo mismo. La pandemia de la covid-19 parece ir retirándose de Occidente con no pocas dificultades, gracias a las vacunas, pero el tercer mundo queda lejos en el índice de vacunación. De nuevo, son los de siempre los que pagan el pato de la tremenda inequidad. Colas del hambre, desempleo, salarios escasos, viviendas con precios por las nubes, y «los nadies, los ningunos y los ninguneados», como dice Eduardo Galeano, se quedan sin posibilidad de acariciar sus sueños.

En la escalada de ambición y de insolidaridad, ahora aparecen los Papeles de Pandora como refugio de grandes fortunas y capitales. Antes fueron los Papeles de Panamá, Watergate, los Papeles de Bárcenas, etc. Los sin papeles se buscan la vida, hasta arriesgarla surcando mares de amargura para perseguir ilusiones en un mundo mejor. Mientras, los ricos ocultan su identidad en la maraña de leyes y de papeles que les protegen en los escondrijos de sus grandes fortunas. ¡Qué ironía!

La mitología grecorromana atribuye al personaje de Pandora los males contenidos en la vasija o jarra con que la envió Zeus a la Tierra. Picada por la curiosidad, destapó la vasija y todos los males se esparcieron por la Tierra. Fue el castigo de Zeus a la humanidad. Solo quedó en el interior de la vasija la esperanza, que no pudo escapar y que resultó ser el único consuelo de los hombres.

Otras tradiciones dicen que el jarro contenía los bienes y que Zeus se lo dio a Pandora como regalo de bodas. Al abrirlo, Pandora dejó imprudentemente que los bienes escapasen y regresasen a la mansión de los dioses, en vez de quedarse entre los humanos, que se vieron afligidos por todos los males y les quedó solo el pobre consuelo de la esperanza.

Los Papeles de Pandora son una nueva foto de una industria del secreto que cuenta como miembros a los más poderosos. Se trata de fortunas ocultas que se niegan a arrimar el hombro, que hacen la guerra por su lado. No quieren saber de ayudas y colaboraciones con quienes necesitan trabajo e ingresos para vivir dignamente, ni siquiera en situaciones de pandemia. Hacen oídos sordos a los clamores que piden el derecho a la vida de cualquier ser humano.

Estos sujetos son la cara oculta de las finanzas internacionales que crean y se benefician de paraísos o refugios fiscales, donde conviven cuentas e intereses de grandes empresarios y fortunas, políticos y cargos públicos, jefes de Estado, oligarcas, estrellas de la moda y del espectáculo, deportistas, y otras personalidades reconocidas socialmente.

No quieren saber nada del común de los mortales que se las ven a diario con trabajos inestables; siguen el dictado de sus conveniencias, y ellos mismos hacen tambalear el sistema económico conforme se vean incrementados sus intereses. Desprecian las tensiones a que se ven sometidos las instituciones y los servicios públicos de sanidad, educación, dependencia y demás recursos sostenidos con los impuestos con los que ellos se niegan a contribuir.

Los ricos se escapan; no quieren participar en la fiesta de todos. Prefieren que nadie perturbe el disfrute de su banquete de la ambición. Envueltos en sus secretos, fuertemente custodiados por abogados expertos, crean sociedades *offshore*, el más allá de los ricos, fuera de su territorio, en escondites, para no declarar sus capitales. Así consiguen las garantías que les ofrece la opacidad de las legislaciones de estos países, lo que les garantiza escasas cargas impositivas en los productos de sus inversiones: activos financieros e inmobiliarios, obras de arte, vehículos, joyas, vinos, etc. Son impuestos perdidos para las arcas comunes.

No tienen empacho en compartir buena parte de la riqueza mundial en escondites que burlan las normas de la declaración a las autoridades de su país para crear la renta pública que garantice el buen funcionamiento de los servicios de todos y para todos. Encubren y se benefician de la corrupción y recurren a eliminar pruebas y a lo que sea necesario con tal de resguardar y mantener sus privilegios. En consecuencia, agrietan el estado del bienestar social.

Sea como fuere, en la mitología, el castigo otorgado a la humanidad consistió en privar al mundo de bienes y de dicha. Esta vez ha sido un concierto internacional de periodistas de investigación quienes han desvelado el castigo a que están sometiendo los ricos a la humanidad entera con los Papeles de Pandora. Hoy, como en el mito, nos queda la esperanza de que se incremente la investigación a quienes se instalan en el más allá de la insolidaridad, y que paguen.